鉄骨と
鉄筋コンクリート造の
建物修繕
がわかる本

大塚義久 著

セルバ出版

はじめに

大きなお金がかかる修繕工事を検討するには、大きな不安やリスクが伴います。

そして、そのための準備をしようと考えるのは、当然のことです。本書は、鉄骨・鉄筋コンクリート造の建物修繕に特化し、実際に発生する可能性のある不具合の原因や対策などを、もっと所有者の皆様に知ってほしいという強い思いで書きました。

私は、一級建築士として年間に100棟以上の建物調査を行っておりますが、残念なことに私の実体験では、過去に修繕工事をされた建物の約半数程度は、工法や材料の選択に適正ではない部分がありました。そのため、想定より早く損傷や不具合が発生し、早期に次の修繕工事をせざるを得ない状態だったのです。

鉄骨・鉄筋コンクリート造建物は、一般木造建物に比べるとコストがかかるにもかかわらず、工法や材料などを選択する際の情報がかなり不足しております。

建物修繕とは何か。修繕の材料工法など建物を修繕、維持する上で必要な基準は何か。一言でいうと、「適正で必要な工事をし、誤った不要な工事はしない」ことです。

そして、修繕を適正に実行するために大切なことを1つあげるとしたら、正しい工事仕様に沿って修繕を考え、判断することに尽きます。実は、工事内容を決めるには一定のルールがあり、そのルールどおりに自分の建物の状態をあてはめるだけなのです。

その修繕工事のルールは、一般の方が誰でも見られるように、国土交通省より仕様書として公開されています。仕様書の見方や判断にはちょっとしたコツがあり、これだけですべてが解決するわけではありませんが、それらを理解するだけでも、正しい修繕工事を計画し、判断することができるでしょう。

本書は、仕様書という基本原則に沿って、一般の皆様にはまだあまり知られていない修繕の考え方や手順や工法を、多くの建物が必要としている屋根修繕と外壁修繕に絞ってやさしくまとめてあります。

様々な内容を項目ごとに書いてありますので、目次を見て、自分にとって必要性が高いと思うところから読み進めていただいても十分にわかりやすい内容としてあります。

ぜひ、本書を読んで、鉄骨・鉄筋コンクリート造の建物修繕を成功に導いてください。


建物修繕を自己管理する方にとって役立つ情報

本書には、建物修繕の現場で発生する実務についても詳しく書いてあります。

規模の大小を問わず、これらの建物修繕を自己管理されている方や、これから自己管理をしたい方にとって役立つ内容となっています。鉄骨・鉄筋コンクリート造建物の個人住宅・賃貸マンション・自主管理マンションなどの建物修繕の具体的な材料や、工法についての注意点を詳しくまとめました。

修繕計画は、とても大切で、無計画に行きあたりばったりで建物修繕をすることはよくありません。修繕の工法や材料を自らが把握して、今必要なこと、先々に必要なこと、もしくは不要なことの見極めは、最終的に所有者自身で判断することが大切です。

その理由は、もしどこかに修繕業務を依頼していたとしても、修繕内容は常に工事金額や予算と関係していて、費用的な面を精査する上でも材料や工法はとても関係性が深いからです。

万が一着工後に予想外の事象が発生した際も、その内容を確認したり、追加に費用がかかる場合には、修繕内容の理解が互いに一致していなければ工事がスムーズに進まなくなってしまいます。事前計画後の材料や工法などについても、内容をしっかりと理解することが大切です。

建物は自己管理する時代になった

時代の流れとして、今までは依頼していた業務を自己管理することが当たり前になりつつあります。例えば、自分の健康について考えてみると、ひと昔前であれば、病気になったら病院に行って診察を受け、出された薬を飲むくらいしか方法がありませんでした。

現在では、自分の健康は自分で管理するという時代になり、健康に関する様々な情報を得ることができます。「健康寿命」という言葉を耳にしたことがあると思いますが、自ら情報を得て、自分の体を健康な状態に維持して、自由な生活ができる体で長生きをしようということが、今や常識になっています。

現在では、このような考え方が広く浸透し、健康維持は病気になってから病院を頼るのではなく、そうなる前に自分自身で予防する時代です。当然ですが、健康に心がけ、自己管理をしたほうが、病気でお金がかからないという大きなメリットもあります。建物も同様で、今まであれば工事の時期や予算は自己判断していても、建物修繕の材料や工法に関しては、工事会社に任せていたことと思います。

修繕工事自体は、いずれどこかの工事会社に依頼しなければなりませんが、今後は自身の健康管理と同様に、建物の維持修繕の内容についても自分で管理することが普通になってくるのかもしれません。

本書が、建物修繕の自己管理における何かのヒントとなればいいなと思います。

依頼先と情報を共有し、絆を深めることが目的

修繕に関する業務を依頼すれば、本人に代わり様々な判断や協議をしてもらうことで得られるメリットがある分、その仕事に対しての正当な対価がかかるのは当然かと思います。

しかし、任せきりの結果、こんなはずでは？　といった行き違いを起こさず、円滑に建物修繕を進めるためにも、修繕工事の内容をしっかりと認識し、互いの理解を深めることが大切です。

大規模な建物修繕では、管理組合や依頼会社とのやりとりの中で、進行の不透明さや不安を感じ

ることが問題となっているのを耳にすることがありますが、せっかく協力関係にあるのですから、ぜひ円満に進めてもらいたいものです。

修繕の内容に関する認識がお互いに一致していれば、このような問題を事前に回避できる可能性があるからです。

仕様書は一流シェフのレシピ

自分で詳細な工事内容である材料や工法を考えオリジナルの仕様書をつくることは、一流シェフのレシピを知ることと同じです。

正しい修繕のレシピさえあれば、どの工事会社に依頼しても、同じ材料や工法で修繕工事ができるので、頼む側からすれば安心です。

逆に、予算と目的は決まっているものの、材料や工法について何の判断もせずに建物修繕を依頼することは、後々に発生するかもしれない不具合や問題を事前に放棄していることと変わりありません。

今や一流シェフのレシピは、レストランに行って教えてもらわなくても、料理レシピサイトなどから情報を手に入れることが可能です。

建物修繕も同様に、日的に合った仕様書という工事のレシピが、実は公開されているのです。ぜひ、建物修繕のレシピを知るような気軽な気持ちで、仕様書という工法や材料を判断する基準を本書において理解してください。

【ご注意】

・改修という表現をわかりやすくするために修繕という言葉として書いてあります。

・躯体建築工事の記述に関しては、現在修繕を必要としているおおよそ15年以上前に建築された建物を想定して説明しています。

・表現されている年数については目安の年数であり、限定された年数ではありません。

・本書は、一般の方向けに書いたものであり、用語や数値についてはあえてわかりやすい表現としてあります。

大塚　義久

２０２１年３月

鉄骨と鉄筋コンクリート造の建物修繕がわかる本　目次

第3章 鉄骨造の修繕工事をする際の注意点

第4章 鉄筋コンクリート建造物の特徴

第5章 屋上防水修繕の必要性

第6章　陸屋根に関係する箇所の防水性

第7章　躯体補修

第1章

建物修繕とは
建物の何を直すためにするのか

1　間違った認識をしてしまう常識を覆す

なぜ、適切な情報が伝えられていないのか

鉄骨、鉄筋コンクリート造建物は、建築の専門的な知識や技術が必要であることはいうまでもありませんが、実際に工事をする専門業者は数多く存在します。それなのに、どうしてそれぞれの専門分野の方々だけでは解決できないのでしょうか。

その理由として、実は、ある意味で建築業界も縦割り業界であるという点があります。外壁塗装や屋根防水を扱う似たような工事でも、中身は詳細に分かれていて、それぞれが部分でかかわるため、自分の専門工事以外は現場で見たり聞いたりしても詳しくは知らないことが多いのです。

そして、修繕で行われる作業は、工事ジャンルでいうと外部の仕上げ工事職の方々で、彼らは一般的な新築工事においては、コンクリート躯体に対する下地処理がすべて整った状態から作業に入ります。

一方、修繕工事では、築後数十年という期間に劣化した躯体下地を整える必要があるので、仕上げ工事職の方々だけでは本来の工事の性能が発揮できない面も生じてきます。つまり、縦割りされている専門工事の間をつなぐことと、躯体の状態を判断し、仕上げ工事をするための準備の判断ができる人が少ないということに原因があるのです。

新築時のように、各職種をまとめたり調整したりする上でとても重要な設計監理や施工管理が、修繕工事にも必要だという考えがないことも同じ理由の1つです。

さらに、所有者自らの責任で建物を守るには、技術的な面も含め、少しハードルが高いということもあります。本来なら、新築完成時に60年先までの修繕ロードマップがあり、すべての所有者に適切な情報が行き渡り、工事会社も同じレベルの技術と知識があって、一定の専門工事会社に修繕を依頼すれば、同じ条件の工法や材料で工事が行えるはずだと思います。

【図表１　困っている所有者は多い】

ところが、現実は、同じ建物なのに、見積りを依頼する会社ごとに工法や材料が違っているなど、見極めが困難な状況があります。一般の方々からすれば、専門工事会社だから適正な工事を知っているのは当たり前と考えるのは当然のことですが、もしも提案された工事内容に誤りがあったまま施工した場合、工事会社が正しい情報を知らなかったとはいえ、結果的に大きな間違いをしてしまったことになります。

よほど不釣合いな工事会社なら、少し話を聞けば判断もできると思いますが、「そこそこの会社」と「適正な対応ができる会社」は、一見同じように見えて、見積り時点では判断が難しいのかもしれません。

運よく適正な対応ができる工事会社にあたれば問題ありませんが、そうでない場合は、大きな損害を負う可能性もあります。実際にはそんなに大きな心配はしなくていいのですが、このような事実があるということをわかった上で検討する必要があります。

今までの建物建築の歴史を見ると

鉄骨、鉄筋コンクリート造建物は、民間の工事会社が一般的に手がけるようになってからまだ50年程度と歴史が浅く、仮に築後25年までには何らかの修繕をしているとしても、まだ半分程度がこれから修繕をするだろうと考えれば、まだまだ建物修繕の適正な技術が一般的に浸透していないだけかもしれません。

本来60年の寿命がある建物であれば、建物が完成した時点で10年、20年、30年先のことも考える必要があるはずですが、新築完成と同時に修繕を口にする工事会社もいなければ、所有者もいないでしょう。

こうした1つひとつに目を向けるととても心配になりますが、決して悲観的になる必要はないと思います。必要な情報はしっかり探せば見つけられる時代であり、過去の年代から見れば明らかによくなっていることは間違いありません。

建物は、建てられた年代も違えば、その当時の技術の差や時間経過での過程も違うので、2つと同じ状態の建物はありません。建物修繕は、現在ある状態から過去に造られた状況を見極めて修繕

【図表２　今までの建物修繕を振り返る】

工事に反映させる必要があります。

外壁から1ミリ内側は過去に造られた躯体で、仮に築後20年であれば、20年間という時間経過により、その部分に劣化や損傷が現れています。過去に造られた躯体の内側を知る必要があるなら、外装をめくって内部を見ればいいじゃないかと思うかも知れませんが、木造建物ならまだしも、鉄骨や鉄筋コンクリート造では構造体を壊すことになってしまいます。

適正な判断をするには、建物の歴史を振り返り、建物の見方を変え、建物が造られたときの躯体の情報を考慮して工法を考える必要があるのです。「縦割りの壁」と「数十年の時間の壁」この2つを乗り越え、結び合わせることではじめて、適正な建物修繕になると信じています。

大切なことは「３つの視点」から建物修繕を判断し考えること

次の3つを見誤ると、専門業者でも修繕ミスをすることがあります。

・建築時期：建てられた年代による躯体工事の工法や特徴による違い

・維持状況：経過年数に応じた修繕の維持管理による違い

・建物構造：建物本体である躯体の材料や種類や工法による違い

修繕工事では、どうしても目に見える状態だけに気持ちがとらわれがちなので、常にこの「3つの視点」で判断することが大切です。また、どうしても、修繕を依頼する側と修繕を行う側には認識の違いがあります。

依頼する側である所有者には、建築した当時からの延長線上に考えがあり、木造建物に比べ時間をかけて強固に建築したという意識があると思いますが、建築後から10年、20年という長い月日が経過すれば、現在に至るまでには時間経過による大きな時代の変化や技術的な進化があります。

修繕では、工事会社から現在の技術に沿った説明をされたときに、「そんなはずじゃなかった」「そこまで大がかりじゃなくても」など受け入れにくい事実があった場合、たやすく理解できないこともあると思います。

また、そのようなときに、「自分はわからない」「考えたこともない」と否定的に思う人と、「自分もそう思う」「その提案が理解できる」と肯定的にとらえる人に分かれるとも思います。さらには、どちらでもなく、考えたこともない人もいるかもしれません。

このようなとき私は、否定的な人の側に立って考えることで、初めて適正な修繕を伝えることができると思うのです。「建築時期」「維持状況」「建物構造」から判断し、わかりやすく正しい情報を伝えることで、きちんとした事実を知ると、「なるほどね」と受け入れられることが多いからです。

修繕を提供する側もされる側も、このことを理解し、時代に即した情報に耳を傾ける必要があります。

例えば、物に振動を加える作業があったとします。

・ハンマーで叩く
・電動工具を使う
・高周波で振動を与える
・マイクロ波で元素粒子を…

など、少し極端な例ですが、数十年の時間の差にこれくらいの技術に対する認識の違いがあるとすれば、建物修繕においても、時間の壁を乗り越えて、過去に造られた建物を現在の技術で修繕することができるでしょう。

初めは受け入れにくくても、新たな事実を知れば、逆に過去の古い情報が誤っていたかのように思えるかもしれません。

2　年月が経つと衰える状態と性能とは

建物への雨水侵入と雨漏りは別問題

現在、新築されている建物は、材料の耐久性が上がっていることから、実際にはもう少し長い期間を想定していますが、従来の一般的な考え方としては、建物にとって重要な外壁と屋根の仕上げは10年程度を想定しており、それを過ぎたら12年前後を目安に修繕することと考えられ、建物が造られていました。

ところが、実際には、12年を目安に修繕を行っている建物はとても少ないです。

初回修繕の時期は15年以上経過してからというケースが多く、20年以上過ぎてから初めてという建物もあります。衰える性能は、新築時に使用した材料の耐久性や仕様によっても大きく違いがあります。中には大雨で雨漏りが発生して、あわてて修繕を考えるケースも少なくありません。

【図表3　室内に漏れていなくても危険】

建物の防水性能の衰えの目安となる美観と性能には共通する点があります。美観は衰えたが防水性はある建物やその逆もありますが、どちらか一方が衰えると、少し後にもう一方が衰えるという関係にあり、先に気づいたほうが修繕のタイミングだと思ってもよいでしょう。
ここで1つ説明すると、雨水の建物への侵入と雨漏りは考えを分けて表現します。雨漏りは外部から入り、室内に出ることで確認できます。ところが、外部から入った雨水が室内に出ることなく壁内部でとどまっている場合は、漏れが確認できないので雨漏りという認識にはなりません。
建物自体はどちらも防水性能が衰え、機能していない状態には変わりありません。ただし、一方は気づいている、一方は気づいていないという真逆の事実が存在します。

実際に多くの建物を調査すると、この違いに関する認識を理解している所有者はほとんどいませんが、その理由や、時間の経過が建物に与える影響について詳しく説明すると理解してもらえます。

年月が経つと、美観と防水性の両方が衰えていきます。一般的には美観が損なわれた後に防水性がなくなり、雨水の侵入により不具合が発生するケースが多いですが、まれに防水性に問題が発生し、いきなり雨水が侵入してしまうこともあります。

建物を外観だけで判断する危険性

新築時における建物が造られている部位を大きく分類すると、次の３つに分かれます。

・構造体：鉄骨や鉄筋コンクリートなどの主要な構造部（建物の柱、梁、壁、床など、建物を支えている骨組み）
・設備機器：電気や配管類などのライフラインと水周り等設備機器
・仕上げ：内装や外装屋根などの表面の仕上げで美観と防水性能の維持目的

年月が経つと後者２つが衰え、生活に支障をきたすので、交換や貼替え、塗替えを必要とします。特に３つ目の外装仕上げの防水性能を長期的に失ってしまうと、次に影響するのが構造体となり、建物寿命に直結します。

設備機器や仕上げ材は交換が可能ですが、構造体は建物の骨組みなので簡単に交換することはできません。建物修繕は、傷んだ箇所を直すだけでなく、構造体を守る役割のほうが重要になります。また、こうした建物の全体を見ることはとても重要ですが、部分ごとの状態をよく見ることも大切です。部分ごとの材料性能は維持されていても、それらをつないでいる部材の強度や防水性能が低下すれば、建物全体から見た外壁や屋根の防水性能が低下したことと同じだからです。つながれている部分の表面は一体に見えても、内部では別部材である場合や、表面のつなぎ部材と内部でのつなぎ部材がそれぞれ違う材料の場合もあり、見た目で判断しにくいケースもあります。

修繕調査では、見たり触ったりする以外に、打診して打撃音により内部の状態を推測します。正常な場合にはカチカチと乾燥した音が聞こえますが、ゴンゴンという濁った音が聞こえる場合は、内部で剥離（貼ってある材料がはがれること）や隙間などの異常が発生している可能性があります。

新築時には完全接着されていても、経年劣化や地震などの振動の影響により隙間ができることもあります。これも年月が経つと接着力が衰える性能低下の1つで、建物の防水性能に大きく関係してきます。

外壁タイルの接着力が低下しはがれ落ちる恐れもある

外壁タイルの接着力が低下すると、性能だけの問題ではなく、落下することが大きな事故となり安全性にも影響を及ぼします。市町村によっては、基準を設け、剥落する危険性の調査を建物所有者に義務化している地域もあるようです。修繕までの強制力はありませんが、事故を防ぐための事前判断が目的なのでしょう。

また、建物壁面にネットを張ったままのマンションをたまに見かけますが、よく見ると外壁タイルがはがれており、修繕までの落下防止を目的とした苦肉の策といわざるを得ません。年月が経つと衰える性能を放置してしまうと周囲にまで影響を及ぼすこともあるので、不要な修繕を慌ててする必要はありませんが、適度な時期での適正な修繕は、建物所有者の責任ともいえるでしょう。

3　間違った修繕、おかしいと気づくのは数年先

設計図には建物に関するすべての情報が記載されている

鉄骨、鉄筋コンクリート造建物は、設計士と施工者が建築基準法（建物を建築する場合における日本の法律）や公共建築工事標準仕様書（建物建築する際の計画・設計・施工などの技術基準）を基本に設計図や施工図を作成し、数か月から1年以上の月日を経て完成します。

このような経過を経て造られた建物ですから、少なからず修繕においても基本は新築時の設計図や仕様書に沿って考える必要があります。建物は見た目が古くなっても、使用材料や組立て形状は何も変わっていません。

ということは、新築時の建物情報を軽視すると正しい修繕ができないことになります。現在の建

物を見れば新築時の建物仕様の判断はできますが、仕上げ面から隠れている建物内部については外観から予測して判断しなければなりません。

厳密に言うと、設計図には新築時の物と、完成した後に変更した箇所を反映させた竣工図という2通りがありますが、一般的にはよほど大きな変更点がなければ、竣工図については電気設備図や給排水設備図だけとすることがほとんどです。

一般の方が設計図を見ても、どこに何の情報が記載されているかわかりにくいので少し説明しますと、設計図は建築の意匠図、構造図、電気設備図、給排水衛生設備図の4つの種類から構成されています。

【図表4　正しい情報から判断していく】

修繕をする際に確認する事項は、建築意匠図の中にある工事仕様に関する情報であり、その中でも重要項目が、仕上表という図面になります。
仕上表では、修繕をする際に、既存仕上表面材と修繕材料との相性を確認することができます。相性が悪いと、どんなによい材料を使っても、その性能が100％発揮されないこともあります。それどころか、不適切な材料を使った場合は、本来の耐久期間の前に素材が接着不良を起こし、膨らんだりはがれたりすることさえあります。

ところが、このように下地と相性の悪い材料を選んでも、工事完了後すぐには異常が出ず、２～３年してから不具合が発生することがほとんどなのです。

判断を間違えると後でお金がかかる

不具合の発生を経過年数ごとに見ると、次のようになります。

- １年以内：施工不良
- ２～３年：材料や工法の選択ミス
- ７～10年：経年劣化

これは、建物に発生する不具合の原因を推測する場合の時間経過から考える判断の目安となります。短期間に出る不具合は、施工不良か材料や工法の選択ミスということになり、とても残念な結果ですが、これらの不具合が発生した場合の処理方法としては、判断を誤って塗ったり貼ったりした材料を撤去する作業をしてから、本来の修繕工事をする必要があるのでとても大変なのです。

費用面でも、本来であれば不要な撤去作業と撤去材料処分までかかり、これらの負担は適正な材料や工法を選んでいれば発生しない費用になります。そんなことがあるのかと思われますが、陸屋根の防水修繕に限ると、私が今まで調査をした中で約半数程度の建物は、本来とは違う工法で施工されており、所有者も疑う余地なく適正な修繕と思っていたケースが意外にも多いのが実情です。

実は、そのような不適切な工法材料を使った場合の問題点は、施工をした工事業者も正しいものだと思って修繕をしているところにあります。そのため、不具合が発生して、その原因がわからないので、さらに不適切な補修を繰り返しているケースがほとんどです。

そうこうしているうちに10年が経過し、その時期になると堂々と有料工事の提案をしてくるのです。所有者が問題に気づいても、不具合の対処を放棄する工事店もあったり、連絡が取れなくなったなどの話をよく聞きます。

信頼関係が築かれている工事店に対し、疑いをもって相談することは好ましくありませんが、次の質問に答えてもらうのはいかがでしょう。

- 新築時または前回の修繕で使われている材料や工法の確認をしたか
- 今回選んだ材料と工法の根拠は何に基づいているのか
- 修繕工事の標準仕様書から工法や材料を判断しているか

この3つの質問をして、納得のできる説明が返ってくれば大丈夫です。

または、それ以前に工事店から「設計図を見せてほしい」といわれ、仕上表の材料や工法を確認していれば、安心して任せることもできるでしょう。

3つ目の改修工事の標準仕様書については、第2章で詳しく説明をします。

設計図をなくした場合の対処方法

設計図については、建物が古くなるとすでになくしているケースや、保管をしてあるが見当たらないこともあります。その場合には正直にその旨を話し、次の項目について修繕工事仕様書という形でつくってもらい、記録を保存することをおすすめします。

・新築時の工法と材料
・前回の修繕をしていればその工法と材料
・今回の修繕の工法と材料

4　不具合には日頃の注意で気づくことができる

日常的に変化を見ることで不具合に気づく

強固な構造で建てられた鉄骨や鉄筋コンクリート造建物も、長期の時間経過を経ると様々な要因により不具合が発生したり、経年劣化により傷んだりしてきます。建築後５～10年という長い期間がかかるので、今の正常な状態がいきなり変化を起こすことはありませんが、徐々に少しずつ進行するので、初期の段階で気づくことができれば被害が大きくなる前に打てる手段も多くなります。

建物調査の現場で一番にすることは、目視による表面的な変化の確認です。その後に打診等によりさらに内部の状態の変化を調査します。

見ることで気づける変化には、次のようなものがあります。

・色：変色や黒ずみまたは赤茶のさび汁

・形状：変形、くぼみや割れ、膨れ、浮き
・湿気：しみ、濡肌、水たまり

これらの変化を気にして見るだけで、一般の方でも不具合の変化を早期に発見することができます。的確に違いを判断するには、正常な状態の写真と見比べればよいのですが、よい状態の写真記録を何年も保管しての比較確認は難しいと思います。

建物には、東西南北面があり、日当たりのよい面や雨風が当たりやすい面もあるので、すべての壁面が同じ状態とも限らないため、同じ仕上材でもこの3つに変化があれば症状の出始めと考えてよいでしょう。

見ることができない箇所

確認しようと思っても高さがあって目が届かなかったり、危険で登ることができない箇所もあります。例えば、3階建て以上の外壁や昇降階段のついていない屋上などは、確認のしようがありません。実際に気になる箇所がこのようなケースが多々あります。

可能であれば、長い棒の先にスマートホンをつけ、ビデオモードにして撮影する方法で状態確認をします。ゆっくりと動かして時間をかけて撮ることがポイントです。

後でビデオを見て、ここはという箇所が見つかった場合は、ビデオを止めスクリーンショットで必要な写真だけを残すことができます。窓から周辺の壁面を見ることもできますが、身を外に乗り出すことは危険なので絶対にやらないでほしいです。

サッシ周りなど手の伸ばせる範囲であれば、手鏡などに映して見ることはできるでしょう。また、木造建物と違い平坦な陸屋根《りくやね》（平らな屋根だが実際には１／１００程度の勾配がある）としている場合が多く、物干し場などで利用している場合を除き、日常で見ることがない方がほとんどだと思います。

確認の際は、全体的に見ることも重要ですが、一番状態が悪くなりやすい部分がドレンという集水口部分です。この部分は、雨水がたまりやすく、状態の悪化が進むと雨漏りの危険性があります。水たまりが不具合の始まりにもなるので、定期的に清掃して水はけがよくなるよう心がけましょう。これだけでも、陸屋根に関しては早期の不具合や防水層の劣化を防ぐ効果がありますので、ぜひ点検のついでに掃除を習慣化してください。

長期的に見れば、維持コストを節約したことになります。


外壁や屋根以外にも注意が必要な箇所がある

建物構造は、強度と耐久性が備わっていますが、そこには生活に必要な設備機器類が接続されます。設備機器の配管は、外部のライフラインから外壁や屋根を通じて引き込まれたり、給水や排気ルートをとったりしています。そのため、屋根や壁面構造部を貫通して穴があけられており、新築時には開口に適正な防水パッキンなどの処理が行われています。

しかし、穴に施された防水処理も、5年程度で性能が低下して、最終的には防水機能がなくなり、止水という役割を果たすことができなくなるのです。

これらの箇所は、スポット的な部分なので、気づいた段階で早めの処理をすることで、建物に侵入する雨水を防ぐことが可能です。また、この壁を貫通している穴類の内側は、室内ではなく、隠蔽部《いんぺいぶ》（室内から見えない隠れている天井内や壁内部）といわれています。天井裏などの覆われた箇所で、内部からは不具合が発見しにくい部分になり、雨漏りなどの発見が遅れる原因となっています。また、陸屋根には、屋根周囲に庇《ひさし》（壁面より突き出した屋根で下部が室内ではなく屋外）がありません。

木造建物に比べると壁面が風雨にさらされていることになり、外壁開口部などの防水処理にミスがあると短期に雨漏りという不具合が発生し、原因が特定できず時間と労力をかけて直す羽目になってしまいます。日頃の注意で不具合を早期に発見し、適正なタイミングでの修繕に備えてください。

5　建物構造について相談する前に知っておくこと

建物は外観から中身の状態がどのような構造で造られているかを見る

外観から判断するのは、一般の方には難しいことですが、建物修繕をする上では内側がどのような過程を経て造られたかを知る必要があります。

仕上げ面の修繕をするのにどうして内部構造まで必要なのかと思われるかもしれませんが、修繕を必要としている建物には様々な現象が出て、それらの原因には外的要因もあれば内的要因もあり、明確な原因を知るには内部の構造が大きく関係してくるからです。

鉄骨と鉄筋コンクリートは、イメージ的には似ていますが、２つは全く違う構造建物です。では、この両方の建物構造は何が違うのでしょうか。

・材料の違い

鉄骨造は、柱梁構造部は鉄骨材、床は鋼板とコンクリート、外壁はモルタルか軽量コンクリートから造られています。

鉄筋コンクリート造は、柱梁床壁すべてがコンクリートの中に鉄筋が入った造りになっています。

・造り方の違い

鉄骨造は、工場で製造された鉄骨部材を下から最上階まで一気に組み立ててから床を造り、その後に壁をつける流れで建物が完成します。

鉄筋コンクリート造は、木枠組みと鉄筋を組み立てて、その中に流動性のある生コンクリートを流し込み、固まったら木枠を外して次の上階も同様に造りあげ、各階ごとに建物が完成します。

鉄筋コンクリート造にも種類があり、ラーメン構造という主要な構造部の柱・梁・壁がそれぞれ別々な形状に成型されている一般的なものと、壁構造という主要な構造部の柱・梁・壁が一体成型され壁の一部に柱と梁の機能を持たせ、見た目の形状では壁だけになっている建物があります。

壁構造は、大きくても3階建てまでがほとんどで、それ以上の規模の建物ではラーメン構造となり、建物を支える基礎の形状も違うので、数年後に起こる建物周囲のうめ戻し土の圧密沈下への影響にも関係があります。

壁構造は、壁厚20㎝程度の中に鉄筋が入っていますが、特に開口部周りの補強鉄筋が生コンクリート打込みの際の流動性を妨げて、補強のために入れた鉄筋により、表面的には見えない壁内部の空隙が発生してしまうことがあります。

・強度の違い

鉄骨造は、柔軟性があり、地震などの揺れに対して変形しても元に戻るという特性があります。ただし、骨組み以外の床や外壁材には柔軟性がないので、揺れに対する抵抗力が弱く、ひび割れの現象が出やすい材料です。

鉄筋コンクリート造は、鉄骨ほどの柔軟性はなく、固い構造となっているので、地震の揺れに対する抵抗力は内部の鉄筋に頼ることになり、コンクリートにひび割れが発生します。

・接合部

鉄骨造は、軽量で接合部はピン接合（接続部が回転または動きのある接合のこと）と呼ばれています。工場で製造された部材を現場で組み立てて建物を完成させるので、素材そのものより継ぎ目材料の防水性や機能が低下することが予測できます。

実際の雨漏りに関しての相談でも2倍以上、鉄骨建物のほうが多いように感じます。実在する建物棟数が小規模になるほど鉄骨造のほうが多いという現状もありますが、同じ比率で見ても雨漏りに関していえば鉄骨造が多く、それらの原因は様々ではあるものの、建物の構造的な特徴による影響があります。

鉄筋コンクリート造は、重量で、接合部は剛接合という動きが発生しない構造です。多少の揺れに対しては抵抗力が強いので問題ありませんが、大きな地震だと建物の自重が重いので、揺れによるひび割れが、開口部周囲や柱と梁の接合部近くに入ります。

ひび割れから入る雨水により内部の鉄筋がさびることで、躯体が爆裂する状態に進行することがあります。

木造と鉄骨や鉄筋コンクリート造は耐震強度、耐火性能、耐久性、形状が違う

・耐震性の違い

木造、鉄骨造、鉄筋コンクリート造については、いずれの構造の場合においても、建築基準法で定められた耐震基準があります。耐震基準は昭和56年6月1日に新耐震構造に改定がなされ、それ以前と以降に確認申請の通知発行を受けた建物の耐震性能には大きな違いがあります。

具体的には、新耐震構造とすることで鉄骨部材が大きくなったり、鉄骨量が増えたりして耐震性が高められ、実際の地震時におけるひび割れにも違いが現れています。この年代を境に修繕にかかる費用にも違いが出ることになります。

耐震強度に関しては、地震の強さにもよりますが、東日本大震災クラスの大地震で直下型の縦揺れを受ければ、いずれの構造を問わず大打撃を受けます。ただし、1つ違いがあるとすれば、鉄骨・鉄筋コンクリート造のほうが損傷で済むことが多く、倒壊するリスクは低いといえます。倒壊は、人の命を奪うことになるので避けたいものです。

・耐火構造の違い

木造建物における防耐火性能は、耐火建築物や準耐火建築物とすることができるので、一概に防火性能が低いわけではありませんが、主要な構造部材が木造なので、外装建材類の耐火性能で建物が守られています。

鉄骨造の主要構造は、鉄骨なので木造に比べると火災には強い印象がありますが、鉄骨は火災の延焼による熱の影響を受けると変形するため、一定規模以上の鉄骨構造は耐火被覆という耐火材で柱や梁を保護されており、耐火材料の外装建材と同様に建物を守っています。

鉄筋コンクリート造は、建物自体が耐火構造となるので、木造や鉄骨造と比べると耐火性能が高く火災に強い構造といえます。

このように3種類の構造の違いにより建物の防火性能にも違いがあることはわかりましたが、これは壁や屋根に関することで、見落としてはいけない部分に開口部があります。開口部には玄関ドアや窓のアルミサッシがありますが、壁や屋根と同様の防火性能がないので、建築基準法と消防法で、一定の条件下において甲種防火戸や乙種防火戸など延焼の恐れのある箇所ごとにこれらの防火戸を付ける決まりがあります。

窓にはアルミサッシにガラスがはめ込まれていて、乙種防火性能とするために、ガラスは６・８㎜＋アミ入りとなっていて、延焼を防ぐ構造としています。

このアミ入りガラスの特徴として見られる現象に「熱割れ」というものがあり、垂直面の日差しが強い西面などで、室内側に遮光性の高いカーテンなど日光の熱をさえぎる物があると、アミ入りガラスが熱せられ、ガラスとアミ（鉄線）の熱膨張率の違いによりガラスにひび割れが入ることがあります。

また、アミ入りガラス周囲に出ているアミ（鉄線）が結露水などでさびることで、ガラスにひび割れを誘発することもあるので、ひび割れによりガラス交換をする際は、同様の条件とならないよう注意が必要です。

・耐久性の違い

建物寿命で木造は30～40年、鉄骨鉄筋コンクリート造は60年といわれています。この建物寿命年数は、国税庁の税法上の減価償却の耐用年数に表され一般的ですが、近年建築されている建物を見ると、基礎構造や外装建材類も昭和の時代から進化しており、維持修繕の対応によってはもっと長くなるとも考えられます。

そして建物寿命を考える上で重要な、交換できない部位が建物構造で、維持修繕のタイミングも工法によって変わります。

また、両方の耐久性でもう1つ違うのは、建物寿命が長いがゆえに鉄骨・鉄筋コンクリート造は木造に比べて修繕をする回数が多くなることです。トータルでの期間が長くなることで、修繕方法や材料も技術進化し、前回、前々回もしくは新築時とは全く違う工法で修繕したほうがよいケースもあります。

・形状の違い

一番の違いは屋根の形です。一般的に木造は傾斜屋根、鉄骨・鉄筋コンクリート造は陸屋根で、屋根に降った雨水の集水処理方法や屋根材質も違っています。

古い木造建物は、現在建築されている建物に比べると外壁や開口部（窓）の水密性が劣っているため、それらの部分に極力雨水があたらないよう屋根の軒先は外壁より50㎝程度出っ張っていて、壁面が濡れにくい構造となっていました。

それに比べ鉄骨・鉄筋コンクリート建物は、ひさしがないので、壁面そのものの防水性能を高める必要があり、様々な防水性に対する工夫がされ建てられています。

例えば、シーリングといわれる防水材を部材と部材の継ぎ目に入れることで防水性を高め性能を維持していますが、それらの優れた性能に頼るがあまり、性能が低下したとたんに建物全体の防水性能が弱くなり、雨漏りすることもあります。

材料の性能だけに頼らず、形状で建物の防水性を保つことも大切です。今後は鉄骨・鉄筋コンクリート造建物も、設計上の見直しが図られる可能性もあるでしょう。

コンクリート内部の見えない空間

生コンクリートを流し込む際には、隅々まで流れるようバイブレーターにより振動を与えますが、コンクリートの流動性や骨材（砂利）の大きさと鉄筋間隔の関係でスムーズに流れずに空間ができることをジャンカと呼び、型枠解体後にこの空隙をモルタルで埋めて躯体成型を行います。ただし、表面に現れずに、躯体内部だけに発生しているジャンカ（空隙）は見過ごされているので、クラックが入ると水の流れ道となります。

コンクリートではない躯体

鉄筋コンクリート造の建物は、仕上げ面内部の躯体に関してはすべて鉄筋コンクリートで造られているはずですが、実際の新築時の躯体製造過程において、違う素材が付け加えられている部分が多くあります。

これは、コンクリート躯体の上に化粧仕上げをする前に塗る下地モルタル塗り工程であったり、打放しという５㎜以下程度の躯体精度の上に直接仕上げをする場合などがあります。

実際のコンクリート躯体をつくる過程においても、精度が悪く横に倒れたり下に垂れたりすることがあり、その場合にはハツリという出っ張ったコンクリートを削り取る作業を行わなくてはなりません。

ハツリ作業後は、下地調整モルタルを塗ってから仕上げを行いますが、外壁面から鉄筋までの間隔（かぶり）が少なるという問題が発生することがあります。この間隔不足は、後々のクラックや爆裂などの修繕の際に、躯体補修という作業が必要な箇所になります。

このように、表面から見えるほんの少しの情報から建物全体の状態を判断し、修繕工事をする際には外的要因だけではなく、内的要因である新築時の施工に起因する事象についても併せて適正な処理が必要となります。

新しい年代ほど品質が確保されている

建物の古さは、耐震性能だけでなく、建築技術でも大きな差があり、古くなれば使用している道具や建材も新しいものと比較すると性能が劣り、結果として建物の耐久性にも関係しています。

特に鉄筋コンクリート造は、コンクリートの水セメント比といわれる、後々のコンクリート状態に直接影響するものがあります。水分量が少ないほうがコンクリートの硬化時に抜ける水分量が少なく、コンクリート密度が高くなり強度的に有利で、古い建物ほどコンクリート密度が低く強度的に不利な建物といえます。

同じ年代の建物でも建てた工事会社の技量により品質に違いあり

品質の違いに関しては、実際に多くの建物調査をした実体験から判断すれば、一概に大手建設会社がよくて中小会社が劣るというわけではありませんが、技量の差は建物品質に大きな影響を与えています。

鉄骨建物に関しては、外壁の防水性を見ると、外観から見えるシーリングなどの1次防水は同程度ですが、その内側にあるモルタル充填の2次防水の性能品質にはかなり違いがあります。いわゆる表面からは隠れている部分の品質と性能が違うのです。この違いは、表面の劣化しやすい1次防止機能を失った場合に、内部の2次防水が機能していなければ、建物自体の防水性能が失われ雨漏りに直結します。

鉄筋コンクリート建物においては、生コンクリート打込み日から初期強度が70％程度に達する材齢（生コンクリート製造日からの経過日数のこと）7日間の保存養生期間が重要で、早い期間で支保工（鉄筋コンクリート躯体工事で型枠がコンクリートの圧力に耐えるための固定支柱のこと）という枠固定金物を緩めたりすると、後に１００％の強度が出る材齢28日間を前にしてコンクリート躯体にクラックが発生します。

これらのクラックは、建物完成時においては仕上げ材で見えない状態となります。壁内部を貫通しているので、外壁材が劣化した時点で表面化して水分が躯体に侵入し、鉄筋がさびることでコンクリートの付着力が低下したり膨張したりして、コンクリートの強度低下となります。

過去にはさかのぼれないが情報を得ることも大切

新築時においては重視していなかった部位も、修繕においては必要性がある箇所もあるので、鉄骨・鉄筋コンクリート造建物の特性をよく理解し、過去に建てられた建物のとおりに修復する修繕をするのではなく、現在の気候や進化している材料や工法を考慮した修繕を考えるとよいでしょう。

具体的には、過去の時代においての防水施工をする定義として、下階が居室（室内）という概念がありました。これは、室内に雨漏りすると生活に支障があるので、その部分に重点をおいた考え方でしたが、現在では下階が室内ではないひさしにおいても完全な防水処理をすることが一般化しています。

考えてみればわかりますが、下階が内外問わず建物内に雨水が侵入すると内部構造を腐らせることになるからです。すでにできあがっている建物に対して過去にさかのぼって対処することはできませんが、これらの情報を知っているだけでも、修繕に備えることが可能になります。

修繕工事をする前に建物に関係する情報を知ることで、建物に発生している不具合の根本原因を明確にすることができるので、原因不明での対処療法がなくなり、適切な修繕方法とすることができるでしょう。

6 鉄骨、鉄筋コンクリート造の建物修繕にはコツがある

修繕する目的とは

建物を修繕する際に最も重要なことは、劣化や不具合による雨水の侵入を防ぐためにする、修繕

箇所の範囲を判断することです。

外壁と屋根が主な部分になりますが、開口部や吸排気孔などにも注意が必要です。

また、それぞれの部位で機能性能が違う箇所があるので、同じ面でも分類を分けてチェックすることが大切です。

・外壁面の違い

鉄筋コンクリート造の外壁面は、外観上は壁に見えても、壁のみの箇所と内側に梁や柱が隠れている場所があります。点検上は壁として扱うことでいいですが、壁・梁・柱は、コンクリート表面から鉄筋までの間隔（かぶり）寸法が違うので、躯体の劣化に伴うクラックや欠損の状況にも違いがあります。

特に柱部分のかぶりは40㎜で、梁の60㎜より間隔が少ないので、少量のクラックでも内部鉄筋がさびて爆裂する可能性が高く、重要度が高い箇所となります。これらの箇所は、事前の調査では足場を組むことなく行うので範囲も限られます。

・窓開口は躯体の大きな穴

外壁面の窓サッシは、壁にあけられた大きな四角い穴と考えると、その周囲から雨水が侵入するリスクが高い箇所といえます。事象としては、シーリングの劣化や開口部角のクラックが主で、これらは雨水が流れる位置にあり要注意です。

また、アルミサッシも20年以上経過し古くなると、コーナー部のパッキンが劣化し、防水性が低下して、アルミサッシから水分が壁内に侵入する危険性もあります。

・吸排気孔にも注意が必要

外壁には他にも吸排気をするための穴が開けられていて、これらが設置されている状況にもよりますが、シーリングという1次防水処理のみの場合には、同様に雨水侵入のリスクが高い部分となります。

貫通している配管は、躯体工事の際に同時に設置する打込み工法と、大きめに穴を開けてから後で設置する後付け工法があり、打込みより後付けのほうが内部の空隙のリスクがあるので、雨水の侵入のリスクが高いシーリングの劣化には注意が必要です。

また、排気カバーキャップについても、古い建物に付けられているタイプは囲いが浅く強風に対して吹き込みやすいので、修繕時に現行で利用されている深型に交換することをおすすめします。

・屋根の点検箇所

屋根も各部位があり、平場、立上がり、パラペット、ドレン、手すり、手すり基礎、塔屋などに分類して箇所ごとに状態を判断する必要があります。

これらの屋上に関する各部位はとても重要で、どれか1つでも対処が抜けると、一体である屋根に穴が残るのと同じような意味合いとなり、不具合や雨漏りの原因となります。

それぞれの箇所ごとに現在使われている素材と工法と状態を確認して、修繕する材料と工法を決定します。

公共建築改修工事標準仕様書とは

この仕様書は、書店で購入することもできますが、国土交通省のホームページからダウンロートすることも可能で、誰でも簡単にすべての内容を見ることができます。

ただし、いきなり見ても専門用語が多くて範囲も広く、一般の方が見てもどこをどう見ればよいのか、建物にどう照らし合わせたらいいのかわからないと思います。

内容には、材料の品質に関することや検査に関することまで、実際の修繕工事ではあまり必要とされない内容まで記載があるので、的を絞って見る必要があります。

・外壁改修工事と防水改修工事に絞って見る

この2項目についての見方を理解すれば、鉄骨・鉄筋コンクリート造建物の修繕工事については7割程度網羅したといってよいでしょう。

他にも仮設工事や建具工事や内装工事などに関しても詳しく書いてありますが、それより外部の外壁と防水の修繕工事の重要性はとても高いということです。

・塗装修繕工事は塗料メーカーのカタログを見ればよい

カタログには、塗装工事についての材料種類や作業手順についても詳しく書かれていますが、塗装修繕は数多くの塗料メーカーより、標準仕様書に準じた、仕様に適合したカタログがつくられているので、メーカーカタログを見たほうが最新の性能や情報がわかりやすく見やすいでしょう。

ただし、下地の劣化や異変があれば、外壁改修の項目に合わせて判断が必要な箇所もあります

民間工事での公共建築改修工事標準仕様書の必要性

修繕工事では、民間工事といえども公共建築改修工事標準仕様書の内容に沿って状況判断し、新築時の工法や材料と状態を明確にすれば、次に行う修繕工事の選択すべき材料と工法が判断できるようになっています。

特に、修繕をする時期によっては、躯体の劣化の度合いが極端に違ってくるので、改修工事標準仕様書の外壁改修と防水改修工事では、仕上げ工事をする前の下地処理による準備工事がとても重要になります。

このような指針があるにもかかわらず、劣化事象の度合いの違いを一律判断し、適正な工法手順が省かれた修繕工事は、とても残念な結果となります。

必ずしも省略することで修繕を安くできるわけではない

防水修繕や外壁修繕は、費用がかかる工事なので、「安く済ませたい！」というのは皆さんが思う当然の望みです。そこに対して安く済ませるだけの提案しかしない工事会社があれば、果して正しい知識があるものだろうかと疑問になります。

仮に、知ってはいるが劣化の程度の違いやコスト的なことを考えて依頼者に説明の上で一部省略した工事とするのであればまだ理解できますが、実際にそうした検討をすることなく仕上げ工事のみで完結した工事を見ることもあり、当たり前ですがよい結果にはなっていません。

材料と工法を仕様書に準ずることがコストに影響するとの考え方もありますが、逆に適正な判断をすることで、コスト低減の選択肢が増えることもあります。

ぜひ、改修工事標準仕様書の外壁改修工事と防水改修工事の重要な部分を理解し、修繕工事のコツをつかんでください。

実際に多くの方が知りたがっている

鉄骨・鉄筋コンクリート造建物は、木造建物と比較すると、強固で耐久年数も長くメリットが多い反面、建築費および長期維持修繕費が多くかかるというデメリットもあります。

また、長持ちするが故の問題点として、建築時の工事店がすでに存在しないなど、相談をするところが途絶えてしまっているケースも少なくありません。

さらに、過去に修繕工事をしたけれど、早期に予想外の不具合が発生し、工事店とは連絡が取れず、不本意ながら他の工事会社に実費で再工事を依頼したというトラブルも多くあります。

私は、建物修繕専門工事会社の経営をするかたわら、実際の修繕工事の問題点や疑問質問に対して様々な情報を発信しており、遠方からも修繕工事に関する質問等を多くいただきますが、残念なことに、実際に建物を見てほしいというご要望にはお応えすることができません。

同様に、知識のある方を紹介してほしいというご要望にもお応えすることができていません。

そして、修繕工事の工法内容には多くの選択肢があり、わかりにくいという特徴があります。だからこそ、鉄骨・鉄筋コンクリート造建物の建物修繕に関する情報を、本書をお読みいただくことで全国各地の方々に少しでも知っていただければ本当に嬉しく思います。

なぜ、工事内容を所有者自ら判断する必要があるのか

私は、高校卒業後に父親が務める基礎工事会社に就職した後、鉄骨や鉄筋コンクリート建物を造る建設会社に転職し、新築建物の施工や公共建物の改修工事に22年間携わり、その後に修繕専門の会社を設立しました。

修繕工事では、18年に渡り建物調査や工事に関わって、累計で約2000件以上の修繕を必要としている建物を見てきました。

建築業界に入りたての頃は、建築に関することが何もわからず、工事現場の掃除をすることが私の唯一の仕事でした。つらいこともありましたが、日々多くの経験や発見があり、前向きに建築という仕事を続け、その後一級建築士と一級建築施工管理技士の資格を取得、建築の専門家として実在する建物所有の方から多くの話を聞き、様々な問題点や今まで解決することができなかった現実と向き合ってきました。

私は、今でも、建築業界に飛び込んだその当時の「建築はとても難しくわかりにくいなあ」と率直に思った気持ちを忘れたことはありません。

おそらく建物修繕を考える皆様も、同じように「わかりにくなあ」と私以上に感じている気持ち

がよくわかるのです。

自らの家の建物修繕を考えている側と、修繕工事をする側の双方の立場から建物修繕を考えることで、様々な気づきや発見がありました。

建物修繕は、様々な要因や必要性を、依頼する側と依頼を受ける側が互いに理解してから行うことが大切です。

建物修繕の工事内容を自分で判断できるようになるといわれても、「自分で判断する意味があるものなのか」「そんな簡単にわかるわけがないよ」と思う方がほとんどではないでしょうか。けれども、実際に、それまで建物修繕はすべて業者に任せていたという方々に工事仕様書の考え方を説明すると、その後は所有者自らの考えで修繕工事の必要性を判断されています。

修繕工事では、新築工事のときとは違い、設計者や同規模の建築ができる建設会社を介さずに、直接工事会社に依頼するケースが多くなっています。

そのこと自体が誤っているということではありませんが、建物の「困った」「心配」「わからない」をすべて解決してから建物修繕をすることをおすすめします。

過去に1度建物修繕をしたことがある建物所有者に、前回の修繕内容について質問をすると、ほとんどの方が、工事会社に任せていたので工事内容や工法仕様などを理解していませんでした。しかし、次の修繕のときのためにも、本書を読んでいただければ、自ら判断することの大切さと、判断のためのヒントの両方を感じていただけると思います。

新しい情報と過去の建築時の情報の双方を活かして考える必要がある

鉄骨・鉄筋コンクリート造の建物修繕方法については、建築の知識がない一般の方々からすると、おそらく「なるほど」と思う部分と、「何のことかわからない」部分が交互に出てくると思います。でも、「何だろう」と思う部分について、そのときにすべてを理解できなくても、読み流して頭の片隅に記憶しておく程度でも充分です。工事会社の方との打合せは、実際にある建物についての状態なので、修繕計画を進める過程で様々な気づきや問題定義ができて、何かの役に立つと思います。

現在では、インターネットをはじめ多くの情報を得る方法がたくさんありますが、何についての情報を得ようとするかが明確になっていなければ、解決方法に辿り着くことはできません。また、正しい情報は、知りたいが探す術がないからといって、受け身で待っていてもよほど詳しい知人友人でもいれば別ですが、必要な情報を得ることはできません。

時代の変化は、過去の時代に比べると早くなっているように感じます。それは、おそらく情報が伝わるスピードが速くなったからに違いありません。江戸時代なら、遠方に情報を伝える手段としては、手紙を書いて、人が運んで、手渡しをするなどしか方法はありませんでした。それが郵便になり、電子メールになり、今やスマホから片手で送ることができるようになっています。

ただし、建物修繕の情報は、ただ単に新しい情報を得るのではなく、正しい過去の情報を知った上で考える必要があるので、新しい情報と、過去に建物が建築された時代の情報の双方を、活かして考える必要があります。

第2章　改修工事の仕様書とは

1　修繕工事の正しい情報とは

修繕工事内容は工事後に後悔しないよう慎重に決める

現在は、様々な情報が多く公開されていて、一昔前に比べ情報過多の時代になりつつあります。一般的なサイトを検索すれば多くの情報を見ることが可能ですが、表示されている中から正しいものを判断するのに困るくらいではないでしょうか。

では、何を基準とすればいいのか？　その答えが仕様書なのです。仕様書は、建物修繕工事の正しい情報の原点といってもよいでしょう。

建物の修繕には時間や費用がかかります。当初は、修繕の目的が明確になっていても、現場を見たり打合わせをしたりしているうちに、何をどうするために建物修繕をするのかの本質からぶれてしまうことがあります。最終的な費用面の検討をする中で、本来の目的に関係する大切な修繕部分を予算削減のために省いてしまったという致命的な判断をされる方もいます。工事を始めたら後戻りすることができないので、使用する材料や工法は慎重に正しい情報から決定する必要があります。

同一の内容で見積り依頼をするには仕様書が必要

建物修繕には、常に選択肢を持つことは大切で、修繕の本質から大きく脱線しないために仕様書があります。

鉄骨・鉄筋コンクリート造の修繕工事は、自分で修繕内容を判断して依頼することは難しいので、いくつか見積り依頼をして、比較検討してから工事をするケースがほとんどだと思います。見積書を取った経験のある方ならわかると思いますが、修繕目的が同じでも、工事会社によって判断が分かれ、出てくる内容が違うことがあります。

その原因は、修繕目的が同じでも、修繕方法や使用材料には多くの選択肢があるからです。同じ内容で見積りするには、一定の基準を決めてから依頼する必要があります。その基準となる内容とは、「適正な工法と材料を決めること」で、その内容を表したものを「工事仕様書」といいます。

修繕の工事仕様書には、特定した工法と材料を決めたものと、標準的内容だけにとどめた標準仕様書があります。私ども専門家がつくるすべてを特定したものは作成することは難しいと思いますが、工法までの判断なら同じ条件で依頼することはできるようになるでしょう。

修繕が難しいのは新築時と同じ材料と工法が使えない場合があるから

修繕工事をする時期は、そもそも新築から十数年経過しているので、その当時と同じ材料や工法が現在は主に使われていなかったり、仮に同じ材料があっても修繕工事で上に塗り重ねる施工には適していないこともあったり、別の材料や工法としなければならない場合もあります。特に防水工事でその傾向が多くあり、仕様書による判断が重要となります。

新築時の建物情報を知ることはとても大切

修繕工事といえども、新築時の施工手順や工法や材料についての情報も必要なので、建物を造る上での基本手順が書かれている公共建築工事標準仕様書は参考になります。

その改修工事標準仕様書の内容を見ると、新築時の工事仕様書を一通り熟知している前提でつくられています。修繕においては、建物造の基本原則を知った上で、材料の相性や工法を判断する必要があります。

修繕に必要な知識―建築基準法

建築基準法は、建築規則の法律で、建築基準法施行令・建築基準法施工規則・建築基準法関係告示などがあり、簡単にいうと建物を造る際の最低限の決まりを具体的な方法や方策として定めたものです。

さらに、建物を建てるための設計と消防対策のための消防法もあり、建物の防火に対する最低限の決まりが定められています。

鉄骨・鉄筋コンクリート造建物は、耐火建築物として造られて建築基準法の定めの中にあり、ドアや窓サッシの防火性能に関しては消防法の定めにより基準が決められています。

建物は、完成すると一体となっていますが、各部材には材料や工法以前の法律的な管轄の違いもあるので、修繕工事で部材交換をする際にはそのあたりの知識も必要となります。

【図表５　防水改修工法の種類・工程】

工法の種類＼工程		1 既存保護層（立上り部等）撤去	2 既存保護層（平場）撤去	3 既存断熱層撤去	4 既存防水層（立上り部等）撤去	5 既存防水層（平場）撤去	6 既存下地の処理	7 防水層の新設	8 断熱材の新設	9 保護層の新設
P1B 工法		○	○	—	○	○	○	○	—	○
P1BI 工法		○	○	—	○	○	○	○	○	○
P2A 工法		○	○	—	○	—	○	○	—	○
P2AI 工法		○	○	—	○	—	○	○	○	○
P0AS 工法		○	—	—	○	—	○	○	—	—
P0ASI 工法		○	—	—	○	—	○	○	○*5	—
P0D 工法		○	—	—	○	—	○	○	—	—
P0DI 工法		○	—	—	○	—	○	○	○*4	—
P0S 工法	（接着）	○	—	—	○	—	○	○	—	—
	（機械）	○	—	—	○*1	—	○	○	—	—
P0SI 工法	（接着）	○	—	—	○	—	○	○	○*6	—
	（機械）	○	—	—	○*1	—	○	○	○*6	—
P0X 工法		○	—	—	○	—	○	○	—	—
T1BI 工法		○	○	○	○	○	○	○	○	○
M3AS 工法		—	—	—	○	○	○	○	—	—
M3ASI 工法		—	—	—	○	○	○	○	○*5	—
M3D 工法		—	—	—	○	○	○	○	—	—
M3DI 工法		—	—	—	○	○	○	○	○*4	—
M4AS 工法		—	—	—	○	—	○	○	—	—
M4ASI 工法		—	—	—	○	—	○	○	○*5	—
M4C 工法		—	—	—	○	—	○	○	—	—
M4DI 工法		—	—	—	○	—	○	○	○*4	—
M4S 工法		—	—	—	○*1	—	○	○	—	—
M4SI 工法		—	—	—	○*1	—	○	○	○*6	—
S3S 工法		—	—	—	○	○	○	○	—	—
S3SI 工法		—	—	—	○	○	○	○	○*6	—
S4S 工法	（接着）	—	—	—	○	—	○	○	—	—
	（機械）	—	—	—	○*1	—	○	○	—	—
S4SI 工法	（接着）	—	—	—	○	—	○	○	○*6	—
	（機械）	—	—	—	○*1	—	○	○	○*6	—
L4X 工法		—	—	—	—	—	○	○	—	—
P1E 工法		○*2	○*2	—	○	○	○	○	—	○*3
P2E 工法		○*2	○*2	—	○	—	○	○	—	○*3
P1Y 工法		○*2	○*2	—	○	○	○	○	—	○*3
P2Y 工法		○*2	○*2	—	○	—	○	○	—	○*3
P1S 工法		○*2	○*2	—	○	○	○	○	—	○*3

（注）1.　＊1印のある工程は、特記による。特記がなければ、ルーフィング類の製造所の仕様による。
2.　既存保護層がない場合は、＊2印のある工程は省略する。また、＊3印のある工程は、特記による。
3.　＊4印のある工程は、表 3.3.9 による。
4.　＊5印のある工程は、表 3.4.3 による。
5.　＊6印のある工程は、表 3.5.2 による。
6.　改修工法名称の表示内容は、次による。

国土交通省大臣官房官庁営繕部

【図表6　工法の種類】

工程 / 工法の種類	1 既存保護層（立上り部等）撤去	2 既存保護層（平場）撤去	3 既存断熱層撤去	4 既存防水層（立上り部等）撤去	5 既存防水層（平場）撤去	6 既存下地の処理	7 防水層の新設	8 断熱材の新設	9 保護層の新設
P1B 工法	○	○	—	○	○	○	○	—	○
P1BI 工法	○	○	—	○	○	○	○	○	○
P2A 工法	○	○	—	○	—	○	○	—	○
P2AI 工法	○	○	—	○	—	○	○	○	○
POAS 工法	○	—	—	○	—	○	○	—	—
POASI 工法	○	—	—	○	—	○	○	○*4	—
POD 工法	○	—	—	○	—	○	○	—	—
PODI 工法	○	—	—	○	—	○	○	○*4	—
POS 工法（接着）	○	—	—	○	—	○	○	—	—
POS 工法（機械）	○	—	—	○*1	—	○	○	—	—
POSI 工法（接着）	○	—	—	○	—	○	○	○*6	—
POSI 工法（機械）	○	—	—	○*1	—	○	○	○*6	—
POX 工法	○	—	—	○	—	○	○	—	—
T1BI 工法	○	○	○	○	○	○	○	○	○
M3AS 工法	—	—	—	○	○	○	○	—	—
M3ASI 工法	—	—	—	○	○	○	○	○*5	—
M3D 工法	—	—	—	○	○	○	○	—	—
M3DI 工法	—	—	—	○	○	○	○	○*4	—
M4AS 工法	—	—	—	○	—	○	○	—	—
M4ASI 工法	—	—	—	○	—	○	○	○*5	—
M4C 工法	—	—	—	○	—	○	○	—	—
M4DI 工法	—	—	—	○	—	○	○	○*4	—
M4S 工法	—	—	—	○*1	—	○	○	—	—
M4SI 工法	—	—	—	○*1	—	○	○	○*6	—
S3S 工法	—	—	—	○	○	○	○	—	—
S3SI 工法	—	—	—	○	○	○	○	○*6	—
S4S 工法（接着）	—	—	—	○	—	○	○	—	—
S4S 工法（機械）	—	—	—	○*1	—	○	○	—	—
S4SI 工法（接着）	—	—	—	○	—	○	○	○*6	—
S4SI 工法（機械）	—	—	—	○*1	—	○	○	○*6	—
L4X 工法	—	—	—	—	—	○	○	—	—
P1E 工法	○*2	○*2	—	○	○	○	○	—	○*3
P2E 工法	○*2	○*2	—	○	—	○	○	—	○*3
P1Y 工法	○*2	○*2	—	○	○	○	○	—	○*3
P2Y 工法	○*2	○*2	—	○	—	○	○	—	○*3
P1S 工法	○*2	○*2	—	○	○	○	○	—	○*3

（注）1.　＊1印のある工程は、特記による。特記がなければ、ルーフィング類の製造所の仕様による。
2.　既存保護層がない場合は、＊2印のある工程は省略する。また、＊3印のある工程は、特記による。
3.　＊4印のある工程は、表3.3.9による。
4.　＊5印のある工程は、表3.4.3による。
5.　＊6印のある工程は、表3.5.2による。
6.　改修工法名称の表示内容は、次による。

国土交通省大臣官房官庁営繕部

【図表７　下地～新設の工程】

工程 ＼ 工法の種類	1 既存保護層（立上り部等）撤去	2 既存保護層（平場）撤去	3 既存断熱層撤去	4 既存防水層（立上り部等）撤去	5 既存防水層（平場）撤去	6 既存下地の処理	7 防水層の新設	8 断熱材の新設	9 保護層の新設
P1B 工法	○	○	―	○	○	○	○	―	○
P1BI 工法	○	○	―	○	○	○	○	○	○
P2A 工法	○	○	―	○	―	○	○		○
P2AI 工法	○	○	―	○	―	○	○	○	○
P0AS 工法	○	―	―	○	―	○	○	―	―
P0ASI 工法	○	―	―	○	―	○	○	○*5	―
P0D 工法	○	―	―	○	―	○	○	―	―
P0DI 工法	○	―	―	○	―	○	○	○*4	―
P0S 工法（接着）	○	―	―	○	―	○	○	―	―
P0S 工法（機械）	○	―	―	○*1	―	○	○	―	―
P0SI 工法（接着）	○	―	―	○	―	○	○	○*6	―
P0SI 工法（機械）	○	―	―	○*1	―	○	○	○*6	―
P0X 工法	○	―	―	○	―	○	○	―	―
T1BI 工法	○	○	○	○	○	○	○	○	○
M3AS 工法	―	―	―	○	○	○	○	―	―
M3ASI 工法	―	―	―	○	○	○	○	○*5	―
M3D 工法	―	―	―	○	○	○	○	―	―
M3DI 工法	―	―	―	○	○	○	○	○*4	―
M4AS 工法	―	―	―	○	―	○	○	―	―
M4ASI 工法	―	―	―	○	―	○	○	○*5	―
M4C 工法	―	―	―	○	―	○	○	―	―
M4DI 工法	―	―	―	○	―	○	○	○*4	―
M4S 工法	―	―	―	○*1	―	○	○	―	―
M4SI 工法	―	―	―	○*1	―	○	○	○*6	―
S3S 工法	―	―	―	○	○	○	○	―	―
S3SI 工法	―	―	―	○	○	○	○	○*6	―
S4S 工法（接着）	―	―	―	○	―	○	○	―	―
S4S 工法（機械）	―	―	―	○*1	―	○	○	―	―
S4SI 工法（接着）	―	―	―	○	―	○	○	○*6	―
S4SI 工法（機械）	―	―	―	○*1	―	○	○	○*6	―
L4X 工法	―	―	―	―	―	○	○	―	―
P1E 工法	○*2	○*2	―	○	○	○	○	―	○*3
P2E 工法	○*2	○*2	―	○	―	○	○	―	○*3
P1Y 工法	○*2	○*2	―	○	○	○	○	―	○*3
P2Y 工法	○*2	○*2	―	○	―	○	○	―	○*3
P1S 工法	○*2	○*2	―	○	○	○	○	―	○*3

（注）1.　*1印のある工程は、特記による。特記がなければ、ルーフィング類の製造所の仕様による。
2.　既存保護層がない場合は、*2印のある工程は省略する。また、*3印のある工程は、特記による。
3.　*4印のある工程は、表3.3.9による。
4.　*5印のある工程は、表3.4.3による。
5.　*6印のある工程は、表3.5.2による。
6.　改修工法名称の表示内容は、次による。

国土交通省大臣官房官庁営繕部

2　公共建築改修工事標準仕様書とは

公共建築工事標準仕様書は国土交通省から公開されている

公共建築工事標準仕様書は、日本建築学会から建築材料など様々な品質性能や技術基準を維持する目的でつくられた決まりで、書店でも購入できますが、国土交通省からも公開されています。

改修工事標準仕様書には、適用範囲や基本的な品質や改修工法まで、修繕工事に関する様々な規則が定められています。修繕の時期となる新築から12～15年程度の建物状態に対しての適応を前提とした諸々の注意事項が記載されています。

20年以上経過していると建物状態が仕様書とかみ合わない部分もあって、すべて仕様書どおりとはいかなかったり、12～15年程度のサイクルで過去に何度か修繕をしている建物においても、同様に工事対応の仕方によって適応しないこともありますが、品質や性能にとっての重要な指針となるものです。

公共建築工事標準仕様書には、新築時に使うものと修繕のときに使う公共建築改修工事標準仕様書があります。公共建築改修工事標準仕様書の中でも、さらに建築工事編、電気設備工事編、機械設備工事編などに分かれます。

規模の小さな個人の建物では、工事会社が電気設備や給排水設備についても一式で請け負い、そこから各設備工事が分離して行われるので、所有者から見ると1つの会社に工事依頼する形となっています。

大規模な公共工事では、建築、電気設備、機械設備を分離して依頼するので、それぞれが独自の責任において専門工事を行い、工事仕様書も独立しています。

鉄骨造のALC外壁材はシーリング修繕がとても重要

ALCパネル外壁の修繕で必要となるのが、パネル相互間と開口サッシ周りの目地シーリング処理です。修繕の際は、状態にもよりますが、劣化しているシーリング材を撤去してから新規に打ち替えるという作業を行います。

公共建築工事標準仕様書を見ると、シーリング工事に関しては、新築用と改修工事標準仕様書のどちらにも記載項目があり、双方とも全く同じ内容となっています。

ここで重要なのは、防水工事の章には材種方法により下地（新築時）の防水層の撤去または非撤去が明確にされていることに対して、シーリング工事に関しては特に下地に関しての記述がないことです。

修繕では、撤去または非撤去の判断を調査時に行い決定する必要があります。目地寸法に関しては、10㎜以上とする決まりがあるので、劣化の状態にかかわらず、形状が㎜以上取れない場合には既存材の撤去が必要となります。

塗装工事は下地処理に関して違いがある

新築時と修繕時の大きな違いは、塗装工事にもあり、経年劣化した下地（旧素材）を撤去するか、汚れを取る程度で仕上材を塗るかなどがあります。

塗装工事に関しては、基材の種類が鉄やコンクリートやALCなどの種類により、次の３つに分かれます。

・塗膜の全面撤去
・劣化脆弱部の部分撤去
・さびや汚れの除去

以上の分類は基本ですが、注意が必要なこととして修繕をするときの状態による判断が大切で、本来の時期タイミングがかなり過ぎている場合には、さびや汚れ除去となっていても劣化脆弱部の部分撤去は必要となります。

公共建築改修工事標準仕様書には修繕でのみ行う工事仕様が書かれている

改修工事標準仕様書の外壁改修工事の章には、新築工事では行うことがない、修繕工事にしか該当しない範囲が記載されています。新築時においては、真新しい躯体の上に仕上げの工事を行いますが、十数年もの時間を経た建物の躯体は、ひび割れや浮きや欠損部の補修が必要になるからです。

外壁の仕上げ材には、塗装以外にもタイル貼りや左官モルタル塗りなどがあります。

それぞれ同様に浮きが発生する場合、塗料塗膜は厚さ０・３㎜程度と薄く軽いので、万が一はがれても建物の防水性に影響があるものの周囲への影響はありません。ところが、タイル材や左官モルタル塗りは、厚さ10〜15㎜程度と厚く重みもあり、はがれ落ちると周囲への損傷や人への危険もあるので躯体劣化の補修はとても重要です。

新築時の標準仕様書にあって改修工事標準仕様書にはない工事種類

前項で新築時の工事仕様書にはなくて改修工事仕様書にある工事種類について説明しましたが、逆に新築時の仕様書にあって改修工事仕様書にない工事種類もあります。

一見すると建物はすでに完成しているので、新築時の情報は修繕時においては必要ないと思われていますが、経年により発生する建物の異変には外的要因と建物自体に起因する内的要因があり、内的要因に関しては新築時の仕様書の基準に合っていない施工が原因であることが多いのです。

例えば、鉄筋工事についてもその１つで、改修工事仕様書にはありませんが、鉄筋コンクリート造のクラックから爆裂というコンクリートが欠ける現象にまで発展するケースでは、内部の鉄筋の配置やかぶり（コンクリートの外壁面から鉄筋までの間隔）などが大きく影響していることがあります。

また、鉄筋コンクリート造の建物修繕で一番不具合の多いコンクリートに入るクラックは、内的要因である新築時のコンクリート工事が関係していることが多いのです。

改修工事仕様書の耐震改修工事の中にコンクリートに関する記載はありますが、耐震改修に絞った内容だけとなっています。修繕におけるコンクリートの状態が新築時の品質に大きな影響を受けていることを考えると、その原因を調べる上でも新築時のコンクリートに関する情報は大切になります。

新築時に使う生コンクリートは、JIS規格で、種類、強度、スランプ、骨材の最大寸法があり、設計図に準じた配合計画書に基づいて、普通-21-18-20というように呼び名で注文をします。修繕工事では必要としない情報ですが、建築年によって配合基準も改正されているので、築年による劣化事象の判断の参考になります。

タイル貼り建物の修繕工事の注意点

タイル工事も新築時と修繕時の両方にありますが、改修工事仕様書には部分補修工事を前提として書かれており、全面的に新規にタイル貼りをすることの説明が不足しています

タイル外壁修繕は、既存タイルに浮きや剥離や割れがある場合に補修程度で済む場合と、剥離や割れの状態によっては下地ごと撤去し、下地ごしらえも必要に応じて行う場合がありますが、改修工事仕様書には下地に関する記述がないので、処理方法を含む判断を適正に行うことが大切です。

また、タイルのセメント目地の劣化がタイル材の接着力の低下につながるので、浮き等がなくても、セメント目地が取れたり、欠損したりしている場合は、目地セメント埋めをすることをおすすめします。

公共建築改修工事標準仕様書にあるコンクリート打放し仕上げ外壁とは

鉄筋コンクリート造建物の外壁種類には、モルタル塗り仕上げ外壁とコンクリート打放し仕上げ外壁があり、修繕時における補修方法に違いがあります。

改修工事仕様書における打放し仕上げとは、モルタル塗り仕上げをしていないコンクリート外壁で、コンクリートに厚さ２〜３㎜でセメント補修をし、その上に塗装してあります。年代的にはちょうど新耐震基準に改正された辺りから増えてきました。

メリットとしては、モルタル塗り作業がなくなることでコストが削減され、はがれるリスクもなくなったことです。デメリットとして、より正確な躯体精度が必要とされるため、躯体精度が悪いと数年後の躯体劣化度合いに影響が出てしまうことです。

外壁から鉄筋までの間隔（かぶり）については、モルタル塗りをした場合の厚み20㎜程度をあらかじめコンクリート厚さに加えてコンクリート躯体を造るので影響はありません。

民間工事ではあまり重要視していない改修工事標準仕様書になぜこだわるのか

公共建築改修工事標準仕様書は、官公庁の工事をする際の詳細手順書という位置づけで目的利用されているので、工事関係者でも経験がない方からすると、民間工事でそこまでの必要はないと思うかもしれません。

すべてにこだわる必要はありませんが、重要なことについてはこの標準仕様書の材料と工法に沿って修繕することをおすすめします。

【図表８　既存工法・既存撤去区分・新規工法の適した工法区分選び判断する表】

① 分類

○○○工法
- 新規防水工法の種別による区分
- 既存の保護層及び防水層の撤去・非撤去による区分
- 既存防水工法による区分

② 既存防水工法による区分

P－保護アスファルト防水工法*7
M－露出アスファルト防水工法*7
T－保護アスファルト断熱防水工法*7
S－合成高分子系ルーフィングシート防水工法
L－ウレタンゴム系塗膜防水工法
（注）＊7印のある既存防水工法には、改質アスファルトシート防水工法を含む。

③ 既存の保護層及び防水層の撤去・非撤去による区分

1－保護層及び防水層撤去
2－保護層撤去及び防水層非撤去（立上り部等は、撤去）
3－露出防水層撤去
4－露出防水層非撤去（立上り部等は、表 3.1.1 による）
0－保護層及び防水層非撤去（立上り部等は、表 3.1.1 による）

④ 新規防水工法の種別による区分

A －屋根保護防水密着工法
B －屋根保護防水絶縁工法
AI －屋根保護防水密着断熱工法
BI －屋根保護防水絶縁断熱工法
C －屋根露出防水密着工法
D －屋根露出防水絶縁工法
DI －屋根露出防水絶縁断熱工法
AS －改質アスファルトシート防水工法
ASI－改質アスファルトシート防水絶縁断熱工法
S －合成高分子系ルーフィングシート防水工法
SI －合成高分子系ルーフィングシート防水断熱工法
X －ウレタンゴム系塗膜防水工法
E －屋内防水密着工法
Y －ゴムアスファルト系塗膜防水工法

(2) シーリング改修工法は、表 3.1.2 により、工法の種類は、特記による。工程は、種類に応じて、○印のある工程を行う。

なお、材料、工法等は７節による。

表 3.1.2 シーリング改修工法の種類及び工程

工程／工法の種類	既存シーリング材の除去	既存目地の拡幅	下地処理	エッジング材の取付	新規シーリング材の充填	エッジング材の撤去
シーリング充填工法	―	―	○	―	○	―
シーリング再充填工法	○	―	○	―	○	―
拡幅シーリング再充填工法	○	○	○	―	○	―
ブリッジ工法	―	―	○	○(注)	○	○(注)

（注）エッジング材を使用した場合。

国土交通省大臣官房官庁営繕部

【図表９　POX 工法　既存アスファルト保護押えコンクリート工法にウレタン塗膜防水工法】

①　分類

○ ○ ○工法
- 新規防水工法の種別による区分
- 既存の保護層及び防水層の撤去・非撤去による区分
- 既存防水工法による区分

②　既存防水工法による区分
- P－保護アスファルト防水工法*7
- M－露出アスファルト防水工法*7
- T－保護アスファルト断熱防水工法*7
- S－合成高分子系ルーフィングシート防水工法
- L－ウレタンゴム系塗膜防水工法

（注）＊7 印のある既存防水工法には、改質アスファルトシート防水工法を含む。

③　既存の保護層及び防水層の撤去・非撤去による区分
- 1－保護層及び防水層撤去
- 2－保護層撤去及び防水層非撤去（立上り部等は、撤去）
- 3－露出防水層撤去
- 4－露出防水層非撤去（立上り部等は、表 3.1.1 による）
- 0－保護層及び防水層非撤去（立上り部等は、表 3.1.1 による）

④　新規防水工法の種別による区分
- A　－屋根保護防水密着工法
- B　－屋根保護防水絶縁工法
- AI －屋根保護防水密着断熱工法
- BI －屋根保護防水絶縁断熱工法
- C　－屋根露出防水密着工法
- D　－屋根露出防水絶縁工法
- DI －屋根露出防水絶縁断熱工法
- AS －改質アスファルトシート防水工法
- ASI－改質アスファルトシート防水絶縁断熱工法
- S　－合成高分子系ルーフィングシート防水工法
- SI －合成高分子系ルーフィングシート防水断熱工法
- X　－ウレタンゴム系塗膜防水工法
- E　－屋内防水密着工法
- Y　－ゴムアスファルト系塗膜防水工法

(2) シーリング改修工法は、表 3.1.2 により、工法の種類は、特記による。工程は、種類に応じて、○印のある工程を行う。

なお、材料、工法等は７節による。

表 3.1.2 シーリング改修工法の種類及び工程

工程／工法の種類	既存シーリング材の除去	既存目地の拡幅	下地処理	エッジング材の取付	新規シーリング材の充填	エッジング材の撤去
シーリング充填工法	－	－	○	－	○	－
シーリング再充填工法	○	－	○	－	○	－
拡幅シーリング再充填工法	○	○	○	－	○	－
ブリッジ工法	－	－	○	○(注)	○	○(注)

（注）エッジング材を使用した場合。

国土交通省大臣官房官庁営繕部

3　工事仕様書の必要性とオリジナルの工事仕様書のつくり方

多くの建築技術者が指針としている

官庁工事では、工事の手順が仕様書どおりであるかの確認や証拠を常に確認しながら各工程で記録を残し、完成後に確認ができるようにしてあります。民間工事では、そこまでのレベルは求められませんが、基本的な考え方は共通で、省略できないこともあります。新築工事では設計図がありますが、修繕工事にはどのように進めるかの内容はどこにもありません。

そこで、基本となる修繕計画をする際に、公共建築改修工事標準仕様書から、構造や経過年数に応じたオリジナルの修繕工事仕様書をつくる必要があります。

工事仕様書は1とおりとは限らない

修繕工事を請け負う側は、新築時の設計図に代わる認識でオリジナルの修繕工事仕様書を作成し、工法や材料に誤りがないか細心の注意をもって作成する必要があります。

私も、修繕工事における工事仕様書をつくることもあれば、つくったものを確認することもありますが、多肢にわたる範囲と項目が10箇所あるとしたら、9箇所が適正でも1箇所不適であればその仕様書はダメで、1箇所の不適切な判断が後に大きな影響を与えることになるので、慎重に作成します。

また、修繕工事仕様書をつくる上でとても重要なことに、築年数とこれまでの修繕履歴があります。古い建物によっては、築年数や修繕履歴がわからない場合もあります。理由としては、親から相続して今までの建物情報が引き継がれていないことなどがあり、建物寿命が長いが故の問題かもしれません。建物の築年数と修繕履歴は、仕様書作成においても大切な情報となります。それは、既存の使用状態が同じでも、先の２つの条件が違うことで修繕工事仕様も変わってくるからです。

また、工法以外に材料の耐久性による違いなど選択肢がある場合、次に行う修繕の時期や工事費用にも違いが出るので、内容をよく理解する必要があります。

選択肢がない場合でも、工事業者が一般的と思い込んでいる、自社で扱いやすい材料や工法となっていることがあり、注意が必要です。

私が仕様書をつくる場合も、工法は１つでも材質に関しては３～５種類程度となり、依頼者の選択で変わります。工事提供側の思込みでの仕様書は、広くある情報を公開していないことになります。

大切なのは下地との相性と処理方法

すべての修繕工事において、下地との相性や処理方法の判断が不可欠で、仕様書にも詳細に記載されています。今回は、それらの中でも、判断を誤ると本来の性能が発揮されず、下手をすると修繕工事自体がすべてムダになる可能性のある防水工事を例にして説明します。

公共建築改修工事標準仕様書に防水改修工事という項目があります。最初に適応範囲の記載があり、この項には修繕工事として扱う防水種類が書かれています。

次に、基本要求品質の記載があり、各種類の品質基準が書かれています。

さらに、施工一般の記載があり、防水施工全般についての注意点が書かれています。

「防水改修工法の種類及び工程」という下地との相性での工法の分類があります。

・新規（改修時）防水工法の種別
・既存（新築時）の保護層及び防水層の撤去又は非撤去の区分
・既存（新築時）防水工法の区分

この3つに分類されており、既存（新築時）の防水工法を明確に判断することができます。

既存防水工法の区分については、表面に直接防水面が見える露出型防水工法と、表面に保護コンクリートがあり防水層が見えない場合や、内部に断熱層が入っている場合など、既存（新築時）の防水層の状態ごとに、それら保護層のコンクリートや防水層を撤去する場合と非撤去とする場合を明確に区分した上で、その下地に相性のよい修繕工法の種別が区分されています。


防水工事仕様を決める上でもう1つ大切なこと

防水修繕工事は、部位ごとの処理方法が違うという点があります。

防水層は、平場という水平面と立上りという垂直面があり、同じ素材を使っても工法や下地処理の方法が違ってきますので、防水工事仕様書をつくる際には同様に注意が必要です。

端末の立上り面は密着性が大事で、浮いてはがれると直接雨水の侵入口となるので、基本的には既存（新築時）防水層を撤去してから新規（改修時）に防水修繕をすることが一般的です。なぜなら、十数年前の古い密着性の衰えた防水層の上に新規（改修時）防水をしても、下がはがれたり、上に貼った防水材も一緒にはがれたりしてしまえば、無意味なものとなるからです。

ただし、立上り部に保護層がある場合には、撤去する場合と撤去しない場合の両方があるので、平場と併せて注意が必要です。

既存（新築時）防水工法によっては、新規（改修時）防水工法にいくつかの選択肢があります。選ぶ注意点としては、新規（改修時）防水にも性能期限があって、十数年後には次の修繕になるので、その際にかかる手間やコストを比べて判断することです。今回でコストを抑えても、次回にそれ以上かかることが明確になっている工法もあります。

例えば、新築時の防水が露出工法で今回は撤去しない工法を選べても、次回は撤去が必要になる場合もあるからです。それよりも、今回あえて撤去をすることで、次回以降、修繕コストを安く抑える別の工法を選択することもできます。初回の防水修繕で先に撤去に投資したことで、先々の修繕コストが低く抑えられたことになります。

３つの分類「既存防水工法」「撤去又は非撤去」「改修防水工法」（図表10、11参照）

既存防水がアスファルト防水で保護押さえコンクリートの場合の改修工事仕様は、次のようになります。

・既存防水工法による分類：P―保護アスファルト防水工法
・既存の保護層及び防水層の撤去又は非撤去の区分：0（ゼロ）―保護層及び防水層の非撤去
・新規（改修時）防水工法の種類による区分：X―ウレタンゴム系塗膜防水工法
POX工法となり、改修工事仕様としては、ウレタンゴム系塗膜防水工法になります。

この工法には、絶縁工法のX―1と密着工法のX―2の2とおりがあり、立上りについてはX―2工法とし、平場部はX―1またはX―2のどちらか適したほうを選びます。

X―1工法は、通称「通気緩衝工法」と呼ばれ、防水層内側の水分を逃がし、膨れを抑制する効果や下地の割れや動きを緩衝する効果があります。

新築時のアスファルト防水＋保護押さえコンクリート工法の相性がとてもよく、次回以降の修繕コストを低く抑えることも選ばれる決め手になっています。

一言でいえば、長期的に防水層の形状と機能が安定し次からの維持修繕費が安くなります。


下地との相性と次回修繕コストを考えた材料を選ぶ

修繕の工事仕様を考える上では、防水改修工事仕様の例をとってみてもわかるとおり、下地との相性による判断の次に、耐久性の違いによる次回の修繕時期をコストから判断することです。

公共建築改修工事標準仕様書は、あくまで基本的な考え方であって、それをベースとした上で各材料メーカーなどから販売されている材料の特性を判断し、最終的に工法材料を選ぶことが大切です。

【図表 10　防水工事仕様書①】

防水工事仕様書　　令和　　年　　月　　日

件名		住所			
電話		築年	年	履歴	年・回
建物	戸建 ・ マンション ・アパート ・ ビル ・ 店舗 ・ 他(　　　)		構造	木造 ・鉄骨 ・ 鉄筋コンクリート	

屋上	漏水 ： なし ・ あり (箇所　　) (いつ　　) (量　　) (風　　) (他　　)		
既存	アスファルト防水 (押えコン ・露出) 伸縮目地	ウレタン防水 (通気 ・ 密着) シート防水(塩ビ ・ ゴム)	
改修	高圧洗浄 ・ 伸縮目地撤去シール処理 ・ 入隅シール ・ カチオンモルタル処理 ・ 脆弱部補修 ・ 撤去 ・ 端末		
平場	ウレタン防水通気緩衝工法 ／ AVシート ／ 3mm(X-1)	ウレタン密着 ／ クロス有・無	勾配
立上	ウレタン防水密着工法 ／ 補強クロス入り ／ 3mm(X-2)	パラペット	立上H
手摺基礎	ウレタン防水密着工法 ／ 補強クロス入り ／ 3mm(X-2)	架台	水溜り
その他	改修用ドレン ・ 脱気筒	笠木OV	グラウト注入
	樋(　　φ) ・ 外ルート	破損	勾配モルタル
塔屋	漏水 ： なし ・ あり (箇所　　) (いつ　　) (量　　) (風　　) (他　　)		
既存	アスファルト防水 (押えコン ・露出) 伸縮目地	ウレタン防水 (通気 ・ 密着) シート防水(塩ビ ・ ゴム)	
改修	高圧洗浄 ・ 伸縮目地撤去シール処理 ・ 入隅シール ・ カチオンモルタル処理 ・ 脆弱部補修 ・ 撤去 ・ 端末		
平場	ウレタン防水通気緩衝工法 ／ AVシート ／ 3mm(X-1)	ウレタン密着 ／ クロス有・無	勾配
立上	ウレタン防水密着工法 ／ 補強クロス入り ／ 3mm(X-2)	パラペット	立上H
その他	改修用ドレン ・ 脱気筒	笠木OV	水溜り
	樋(　　φ) ・ 外ルート	破損	勾配モルタル
F	漏水 ： なし ・ あり (箇所　　) (いつ　　) (量　　) (風　　) (他　　)		
既存	アスファルト防水 (押えコン ・露出) 伸縮目地	ウレタン防水 (通気 ・ 密着) シート防水(塩ビ ・ ゴム)	
改修	高圧洗浄 ・ 伸縮目地撤去シール処理 ・ 入隅シール ・ カチオンモルタル処理 ・ 脆弱部補修 ・ 撤去 ・ 端末		
平場	ウレタン防水通気緩衝工法 ／ AVシート ／ 3mm(X-1)	ウレタン密着 ／ クロス有・無	勾配
立上	ウレタン防水密着工法 ／ 補強クロス入り ／ 3mm(X-2)	パラペット	立上H
手摺基礎	ウレタン防水密着工法 ／ 補強クロス入り ／ 3mm(X-2)	架台	水溜り
その他	改修用ドレン ・ 脱気筒	笠木OV	グラウト注入
	樋(　　φ) ・ 外ルート	破損	勾配モルタル
F	漏水 ： なし ・ あり (箇所　　) (いつ　　) (量　　) (風　　) (他　　)		
既存	アスファルト防水 (押えコン ・露出) 伸縮目地	ウレタン防水 (通気 ・ 密着) シート防水(塩ビ ・ ゴム)	
改修	高圧洗浄 ・ 伸縮目地撤去シール処理 ・ 入隅シール ・ カチオンモルタル処理 ・ 脆弱部補修 ・ 撤去 ・ 端末		
平場	ウレタン防水通気緩衝工法 ／ AVシート ／ 3mm(X-1)	ウレタン密着 ／ クロス有・無	勾配
立上	ウレタン防水密着工法 ／ 補強クロス入り ／ 3mm(X-2)	パラペット	立上H
手摺基礎	ウレタン防水密着工法 ／ 補強クロス入り ／ 3mm(X-2)	架台	水溜り
その他	改修用ドレン ・ 脱気筒	笠木OV	グラウト注入
	樋(　　φ) ・ 外ルート	破損	勾配モルタル

チラシ	HP	OB	現調	提出	郵送	／	受付	
TEL	メール	来店	連絡	図面	写真	見本	担当	／

【図表 11　防水工事仕様書②】

防水工事仕様書		令和　年　月　日			
件名		住所			
電話		築年	年	履歴	年・回
建物	戸建・マンション・アパート・ビル・店舗・他（　　　）		構造	木造・鉄骨・鉄筋コンクリート	

屋上	漏水 ：なし・あり（箇所　　）（いつ　　）（量　　）（風　　）（他　　）		
既存	アスファルト防水（押えコン・露出）伸縮目地	ウレタン防水（通気・密着）シート防水（塩ビ・ゴム）	
改修	高圧洗浄・伸縮目地撤去シール処理・入隅シール・カチオンモルタル処理・脆弱部補修・撤去・端末		
平場	ウレタン防水通気緩衝工法 ／ AVシート ／ 3mm(X-1)	ウレタン密着 ／ クロス有・無	勾配 １／１００
立上	ウレタン防水密着工法 ／ 補強クロス入り ／ 3mm(X-2)	パラペット	立上H ＝３００
手摺基礎	ウレタン防水密着工法 ／ 補強クロス入り ／ 3mm(X-2)	架台	水溜り なし
その他	改修用ドレン・脱気筒	笠木OV	グラウト注入 不要
	樋（１００φ）・外ルート	破損	勾配モルタル 部分的
塔屋	漏水 ：なし・あり（箇所　　）（いつ　　）（量　　）（風　　）（他　　）		
既存	アスファルト防水（押えコン・露出）伸縮目地	ウレタン防水（通気・密着）シート防水（塩ビ・ゴム）	
改修	高圧洗浄・伸縮目地撤去シール処理・入隅シール・カチオンモルタル処理・脆弱部補修・撤去・端末		
平場	ウレタン防水通気緩衝工法 ／ AVシート ／ 3mm(X-1)	ウレタン密着 ／ クロス有・無	勾配 １／１００
立上	ウレタン防水密着工法 ／ 補強クロス入り ／ 3mm(X-2)	パラペット	立上H ＝３００
その他	改修用ドレン・脱気筒	笠木OV	水溜り なし
	樋（７５φ）・外ルート	破損	勾配モルタル 部分的
3F	漏水 ：なし・あり（箇所　　）（いつ　　）（量　　）（風　　）（他　　）		
既存	アスファルト防水（押えコン・露出）伸縮目地	ウレタン防水（通気・密着）シート防水（塩ビ・ゴム）	
改修	高圧洗浄・伸縮目地撤去シール処理・入隅シール・カチオンモルタル処理・脆弱部補修・撤去・端末		
平場	ウレタン防水通気緩衝工法 ／ AVシート ／ 3mm(X-1)	ウレタン密着 ／ クロス有・無	勾配 １／１００
立上	ウレタン防水密着工法 ／ 補強クロス入り ／ 3mm(X-2)	パラペット	立上H ＝３００
手摺基礎	ウレタン防水密着工法 ／ 補強クロス入り ／ 3mm(X-2)	架台	水溜り なし
その他	改修用ドレン・脱気筒	笠木OV	グラウト注入 不要
	樋（７５φ）・外ルート	破損	勾配モルタル 部分的
2F	漏水 ：なし・あり（箇所　　）（いつ　　）（量　　）（風　　）（他　　）		
既存	アスファルト防水（押えコン・露出）伸縮目地	ウレタン防水（通気・密着）シート防水（塩ビ・ゴム）	
改修	高圧洗浄・伸縮目地撤去シール処理・入隅シール・カチオンモルタル処理・脆弱部補修・撤去・端末		
平場	ウレタン防水通気緩衝工法 ／ AVシート ／ 3mm(X-1)	ウレタン密着 ／ クロス有・無	勾配 １／１００
立上	ウレタン防水密着工法 ／ 補強クロス入り ／ 3mm(X-2)	パラペット	立上H ＝３００
手摺基礎	ウレタン防水密着工法 ／ 補強クロス入り ／ 3mm(X-2)	架台	水溜り なし
その他	改修用ドレン・脱気筒	笠木OV	グラウト注入 不要
	樋（７５φ）・外ルート	破損	勾配モルタル 部分的

チラシ	HP	OB	現調	提出	郵送	／	受付
TEL	メール	来店	連絡	図面	写真	見本	担当　／

これは、すべての工事種類でいえることですが、同じ工法でも耐久性に大きな違いがあり、その性能は年々改善され、金額的な開きも少なくなってきているので、一概に価格の安い材料がトータルコストも安くなるとは限りません。建物に合った工法材料と先々のコストを考え、比較して、オリジナルの修繕工事の仕様書をつくってください。

4　公共建築改修工事標準仕様書にも欠点はある

公共建築改修工事標準仕様には掲載していない内容がある

公共建築改修工事標準仕様書には、工事種類ごとの基本要求品質から施工や工法に至るまで詳細に記載されていますが、実際の現場での作業において仕様書から判断ができないケースもあります。

例えば、アルミニウム製笠木がある修繕工事においては、新規取付けする場合と交換する場合を想定した記述となっていますが、実際には脱着し再利用するケースが多いのです。

そのため、交換し新規取付けした下地補修方法よりも、交換せず再取付けする際の手順や防水性能を確保する注意が非常に大切です。

オープンジョイントの溝付き裏板などは、土ぼこりなどで目詰まりすると水切れ性能が低下するので、再取付けの際には、必ず土汚れを取ってから付けたほうがよいのです。

固定アンカーの取付け穴のシーリング処理も、隙間からの吹込みから雨水侵入を守る意味でも重要です。

防水修繕工事のアルミニウム製笠木を脱着する目的

新築時にアルミ笠木が付けられている場合、アルミ笠木下まで防水層が巻き込まれており、その上に取付け下地モルタルが平らに塗られ、取付け金具をアンカー打ちして固定してあります。防水修繕工事においては、新築時に施工されているアルミ笠木下の天端まで防水層を巻き込むかの可否については、特に記載がなく、施工者の判断となっています。

防水修繕工事における部位表示は、平場と立上りの表示となり、アルミ笠木下についての指示はありません。一般的には、アルミ笠木下は、直接日があたらないので状態がよく、アルミ笠木に守られているので修繕対象とせず、立上りまでの施工とすることが多いのですが、アルミ笠木周辺は雨漏りのリスクが高い部分なので、建物に雨漏りがある場合には脱着をし、笠木下の状態を確認する必要があります。立上り寸法が１００㎜以下で極端に少ない場合なども、アルミ笠木を取り外して、防水修繕完了後に再取付けをしたほうがよいでしょう。

屋上のアルミ手すりの防水性能は大きな弱点

屋上には同じアルミ製品である手すりが設置してありますが、公共建築改修工事標準仕様書には工事種類として特に記述はありません。

アルミ手すりは、外部に付けられていますが、直接建物の風雨から守る外装材と見なされていないからでしょう。ところが、アルミ手すりは、屋上の防水面に設置されていて、基礎を防水材で巻き込むことによって防水面と一体とし、建物の防水性を維持しています。

アルミ製品は、劣化しにくいという特徴がありますが、実際に12年以上経た建物のアルミ手すり支柱内には雨水が侵入していることがよくあります。

アルミ部材を組み立てたあと、ジョイント部には水分が入らないよう防水パッキンが入っていますが、経年劣化により防水性能が低下すると雨水が侵入します。手すり基礎と支柱の形状は、基礎防水を外側から内側へ貫通していることになり、アルミ手すり支柱から内部に水分が入る危険性もあるので、必要に応じた防水処理をする必要があります。

防水修繕工事におけるルーフドレン周りの処理方法

ルーフドレン周りは、防水改修をする上でとても大切な部分で、水たまりによりさびると修繕防水材の密着性が損なわれ、雨漏りしやすい箇所です。

公共建築改修工事標準仕様書には、「雨漏りの恐れがある場合には監督職員と協議する」との記述はありますが、具体的な処理方法はなく、改修用ドレンを設ける場合は特記により防水材メーカーの仕様によるとの記載があります。

つまり、設ける場合と設けない場合の違いについては、各自で判断とも解釈できます。改修用ドレンは、既存のドレンに差し入れることで防水層と接続され一体化し、腐食したドレンを通過することなく雨どいに雨水を流す構造としています。
必要性としては、修繕時のルーフドレンの劣化状況による判断ではなく、たとえ状態がよくても先々に劣化し、雨漏りの可能性があるので、必ず設置したほうがよいでしょう。

公共建築改修工事標準仕様書を基本とし現場の建物状況を考慮する

建物ごとの修繕工事仕様書は、改修工事標準仕様書を基本とし、あくまでも現場の状況判断にて決める必要があります。仕様書作成は、建物の正確な情報から現在の状態を判断し、数多くある工法や材料の選択肢から、修繕工事の材料と工法を選ぶ作業になります。

【図表12　仕様書が大切】

それには一定の決まりがあるものの、建物の新築時または前回修繕からの経過年数によっても劣化状態が大きく違うので、建物ごとのオリジナルな修繕工事仕様としなければ誤った工事となり、本来の性能が発揮されません。
基本的なことを知った上で個々の建物の状態を判断し、よりよい修繕を目的とした仕様書としたいものです。誤った不要な工事をすることなく、正しく必要とする工事をすることが大切です。

第3章　鉄骨造の修繕工事をする際の注意点

1　鉄骨ALC建物の外壁修繕

建物構造を勘違いしていることがある

現場で所有者に建物構造の質問をしたときに、「うちの建物は鉄筋コンクリート造だよ」と答えが返ってきても、実際には鉄骨造建物だったりすることがよくあります。あるいは、その逆のときもあります。

これは、たまたま勘違いしているだけだと思いますが、建築に関しては普段耳にしない聞き慣れない言葉が多いからでしょう。

私も、この仕事をし始めの頃に一番困ったのが、建築用語の意味がわからないことでした。今この種の建物構造に住まわれている方も、建物修繕の計画や打合せのときにわからない言葉が多く、間違えることもあると思います。

おそらく計画や打合せ段階だけでなく、工事を始めてからも不明なことが出てくるかもしれません。けれども、今まで住んで見慣れている建物の修繕なので、聞いたことのない言葉でも、すべて目にしている建物の一部に過ぎません。

この章では、鉄骨造建物の修繕について説明しますので、聞き慣れない言葉も、見慣れている建物と照らし合わせていただけると理解しやすいでしょう。

鉄骨ALC建物の初めての修繕工事で大切なこと

鉄骨ALC建物は、鉄筋コンクリート建物に比べると建物が軽量に造られています。新築時の工事期間も短いので、コスト的にも安く建てることができ、木造建物に比べて地震に強い構造で、３～４階の低層建物として多く造られています。

鉄骨ALC建物の歴史は浅く、ALC建材が一般的に流通するようになってからまだ40年足らずで、建築され始めた当初は経験や技術が不足していました。

現在、修繕工事を必要としている築後20年を経た建物の特徴とは、ALC建物建築が始まった、まさにその時期に建てられた建物です。

ALC建材以外に、シーリング材（ジョイント目地の防水材）や外装材についても、現在主流で使用されているものより耐久性や性能も劣っているものが使用されていましたが、その当時としては一般的でした。

修繕工事をする場合には、必ずしも新築時に使用された同じ材料を使う必要はなく、現在の建築技術の耐久性や防水性能に見合った最新の材料を使用するとよいでしょう。

特にALC板の継ぎ目のシーリング目地は重要で、新築時においては低モジュラスタイプという基準でアクリル系やウレタン系シーリング材が使用されています。

その当時のウレタンシーリング材料の耐久期間は７～８年程度といわれていますが、一般的に鉄骨ALC建物の修繕時期の目安は築後12年なので、目地がどうしても先に傷む現象となります。

建物全体の防水性能を考えて、修繕時はシーリング打替え工事を同時に行うことをおすすめします。

大事なのは、傷んでいるシーリング目地材を撤去して、ALC面の粉やほこりを除去し、プライマーという接着材を塗ってから新規にシーリングを打ち込むことです。そこでどんな材質のシーリング材料が適しているかも大切です。

鉄骨ALC建物は、木造建物と違いひさしがないので、外壁や窓回りに直接雨水が吹き付け流れるため、外壁目地の防水性能が低下すると雨漏りの原因となります。逆にいうと、シーリング材に防水性能を依存している建物ともいえるでしょう。

・昭和40年前半～50年前半 鉄骨建物も建築された年代により外壁の構造に違いがある

鉄骨構造の壁には、Cチャンネル型のタテ下地を組んでその上に胴縁を固定し、リブ（溝）状金属板＋ラス網を固定して、その上に20㎜程度のモルタルを塗って壁下地構造とします。ラス板モルタル塗りといわれるこの工法の特徴としては、壁構造が薄いので地震等で建物が揺れることで外壁にクラックが入りやすくなることです。

クラックから侵入した雨水がラス板や内部の鉄骨をさびさせて壁強度が低下する可能性が高く、外壁修繕をする際にはクラックにダイレクトにエポキシ樹脂シールなどの充填が必要となります。

また、クラックよりさらに状態が悪化して爆裂をしている箇所がすでにあるようなら、金属サイディング等をカバー工法で外壁に上張りする施工が必要となります。

・昭和50年中頃～

鉄骨構造の梁にアングル鉄骨を取り付けて、ALCという軽量気泡コンクリート製の厚さ１００㎜×巾６００㎜×高さ３ｍ程度のパネルを1枚ずつ取り付け、上下をボルト固定する施工をしてあります。

さらに、パネルジョイント部の内部に防水モルタルを充填し、外部の目地部にシーリングという防水材を充填します。

このALC外壁の特徴としては、パネルの継ぎ目のシーリング材に低モジュラスタイプという伸縮率の少ないウレタンシーリングを使用しますが、接着力と耐久性も低いため、外壁面で先に劣化し、雨漏りの原因となることです。

そのため、修繕工事をする際には、必ずシーリングの打替え（既存目地シールを撤去して新たなシールを打つ）を行います。

目地状況によっては、既存目地上に増打ちをする場合もあります。

ALC外壁は、ラス板モルタル塗りの外壁と比べると強度と防水性はとても向上しましたが、シーリングの劣化による雨漏りリスクも高く、パネル目地以外にサッシ周りのシーリングについても同様に打替えが必要となります。

窓サッシ周りの防水性も、外壁と同様に2次防水の防水モルタル埋めと1次防水のシーリングが施工されていますが、1次防水のシーリングが劣化して雨漏りする建物が多いことを考えると、2次防水の防水モルタル埋めが不完全な施工となっている現場が多いともいえます。

参考：シーリングのJIS規格区分の意味

耐久区分は、7020→8020→9030の順で耐久性が低い→高いものになります。

この数値は、実験で「8020」であれば80℃のときに変形率が20％圧縮しても大丈夫という意味です。つまり、手前の70・80・90の数値が高いほど耐久性が強いシーリング材になります。

鉄骨ALC建物はなぜ雨漏りしやすいのか

鉄骨造建物の外壁素材には、ALCといわれる外壁建材が多く使用されています。ALC外壁材は、軽量気泡コンクリートで、軽量で施工性がよいというメリットがある反面、建物の構造上雨水が入りやすいというデメリットがあります。具体的な箇所としては、窓回りの開口部があります。

窓開口部には、アルミサッシがはめ込まれていて、アルミサッシ枠とALCの間にはシーリングという防水処理がしてあります。その内部の隙間にはモルタルが埋め込まれているので、窓回りの雨仕舞いに関しては2重構造になっています。

しかし、実際には、その窓回りからの雨漏りの事例がとても多く、本当に窓回りの防水構造が保たれているのか疑問に思わざるを得ません。

【図表 13　ALC 建物の窓サッシ断面図】

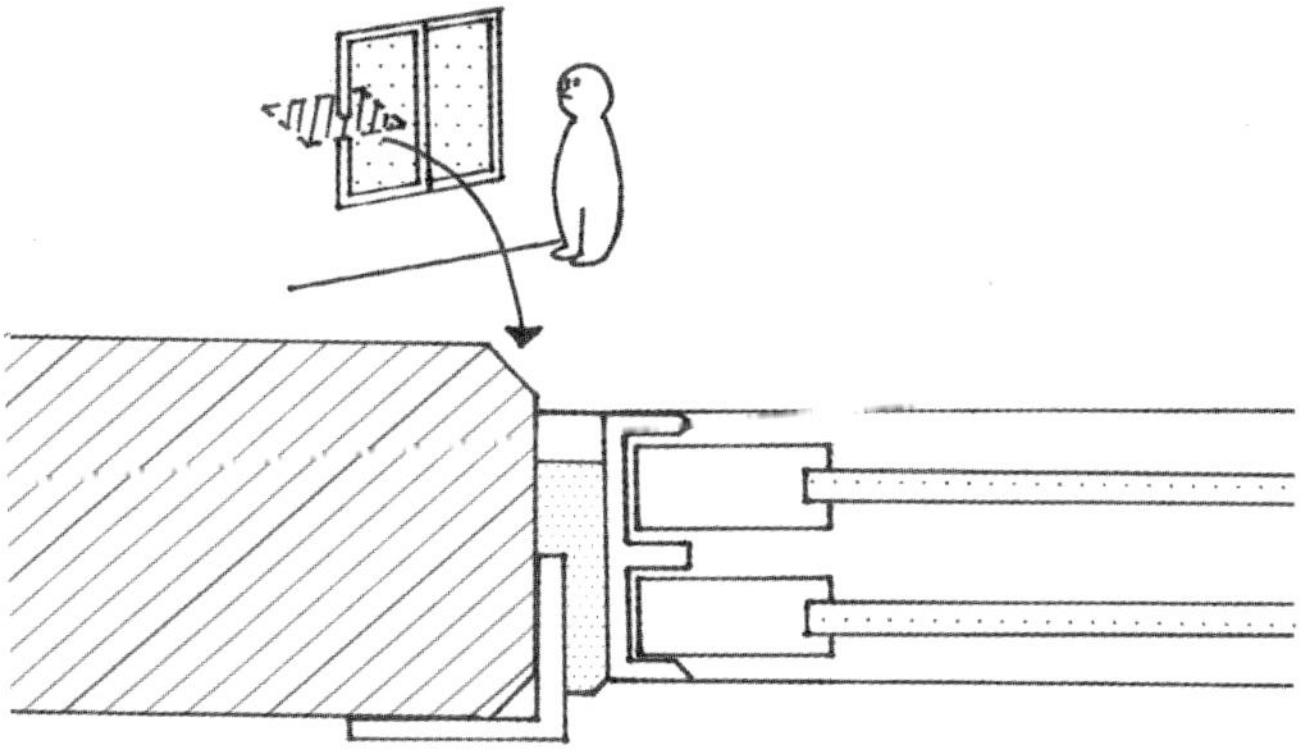

雨漏りしやすい原因の１つとして考えられることは、前項で説明したとおり、鉄骨 ALC 建物に使用されているシーリングという防水材の耐久性が弱いことにあります。

一般的に、建物の外壁塗装などの外装修繕は12年程度を目安としていますので、その間に雨漏りをする可能性が高いということになってしまいますが、鉄骨建物の所有者は木造建物よりも頑丈で長持ちするという前提で建物を建てていますので、まさか5年で防水性能が低下するとは夢にも思っていないでしょう。

雨漏りのもう１つの原因

他にも雨漏りするもう１つの原因が、内部のアルミサッシ周りに埋める2次防水機能の防水モルタルです。

防水モルタル埋めは、アルミサッシの溶接固定後に、一般的に左官工事として防水材を混ぜたモルタルで埋める作業をします。

作業手順としては、ぬき板（15㎜×90㎜×長さ3・6ｍ

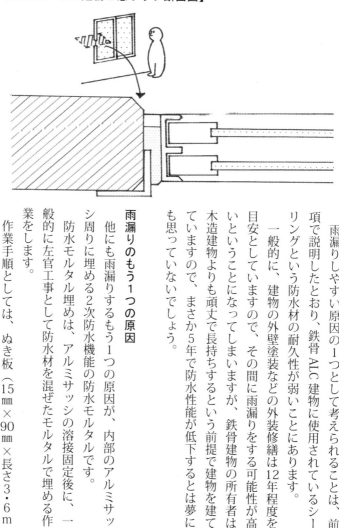

の木板で、サッシ周りのモルタル埋めをする際の木枠）でアルミサッシとALC外壁の間を外側から固定し、内側から防水モルタルを専用の手動ポンプを使って埋め、隙間をなくすためにハケで表面をなだらかにします。

この作業での問題点は、ぬき板を外した外側の表面に埋めたモルタルが固まった後にならし処理をするため、防水性能が足りないことにあります。アルミサッシ周りの防水モルタル埋めは、防水性能を確保するためには内側の埋めならしだけでなく、外側からも固まる前の埋めならしをして隙間のない構造とする必要があるでしょう。

一般的には、左官工が埋め作業をしますが、先のような問題点があるので、本来なら防水工が埋めるという目的ではなく防水するという観点で施工をする必要があります。

品質を重視している工事会社では、防水工事として施工を行っている会社も存在します。本来なら2次防水機能の品質確認をする必要がありますが、工事の流れで次の下地作業に進めば、内部の状態が隠れてしまい、仕上げ工事をして完成してしまいます。

鉄骨ALC建物の窓回りから雨漏りしやすい3つ目の原因

鉄骨ALC建物の窓周りがシーリングによって防水性能が保たれていることは解説したとおりです。本来、建物の防水性能は、2重構造の1次防水と2次防水があり、ALC建物の窓周りも同様で、表面のシーリング防水と内部の防水モルタル埋めにより防水性能が保たれています。外部表面のシーリングが劣化しても、本来であれば2次防水の防水モルタルで雨水の侵入を防ぐことができるはずです。

2重構造となっているのに、なぜ、雨漏りの相談が多いのでしょうか。

実は、ALC建物の窓回りの構造には開口部によって切断されたALC壁材を補強する目的と、アルミサッシ取付けの際の溶接固定としての目的で、補強アングルというL字の鉄骨が入っています。

その構造の最大の欠点は、補強アングルとALC板の間には防水処理がされていないという点です。2次防水の防水モルタルがアルミサッシと補強アングル間にのみ埋められた場合、アルミサッシの壁面からの取付位置によっては補強アングルとALC間に防水処理がされていないことになり、窓全体は外壁表面のシーリングによる1次防水だけということになってしまうのです。

【図表14　ALC建物のタテヨコ目地】

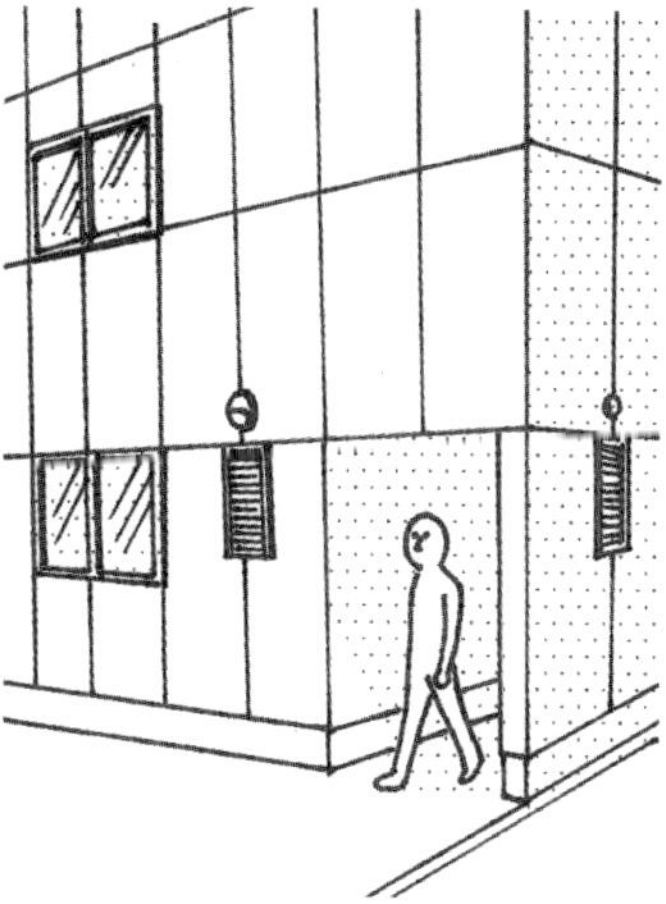

鉄筋コンクリート造建物では、このような開口部に隙間が発生するような構造ではないので心配ありません。鉄骨ALC建物に使用されているウレタン系シーリング材の持ちが5～7年程度と考えると、2次防水が機能していない建物であれば、その段階で雨漏りを起こすリスクが高くなるのです。
新築時の建物の納めや窓周りの構造を変えることはできませんが、経年に伴う外装修繕工事を行う際に、アルミサッシ周りの2次防水である防水モルタ

ルに隙間や空隙がある場合には、その隙間に別種類の防水材を注入する対処方法もあります。

しかも、より長持ちさせるには、高耐久シーリング材に打ち替えることで性能を維持する方法がよいでしょう。

鉄骨ALC建物の異変と修繕工事

鉄骨ALC建物は、木造建物や鉄筋コンクリート建物に比べると継ぎ目が多く、窓サッシ周りだけでなく、建物全体の防水性能についても弱点が多いです。そのため修繕工事では、建物の継ぎ目に関しての様々な防水処理が大切ですが、特に建物に異変が生じている箇所については、新築時における施工方法が間違っていたり施工ミスがあったりした可能性もあるので、適正な改修処理をする必要があります。

鉄骨ALC造の修繕計画においての工事仕様書をつくる際には、このような建物特性をよく考えた上で、防水性能の耐久性についての検討も必要です。

2　鉄骨構造と鉄筋コンクリートの構造の違いと特徴

鉄骨構造建物と鉄筋コンクリート構造建物は建物を造る工程に違いがある

鉄骨建物と鉄筋コンクリート構造建物の寿命はともに60年といわれていますが、建物の耐水性と気密性には大きな違いがあり、経年劣化による雨漏りは鉄骨ALC建物のほうが多いです。これは、単に鉄骨と鉄筋コンクリートという構造体だけでなく、建物を造る段階の工事工程にも大きな違いがあるためです。

鉄骨構造建物は、1階から最上階までの鉄骨を一気にクレーンで組み立ててから、次に各階のデッキ床スラブの施工を行い、デッキコンクリートの打設後に外壁建材のALCの設置を行って躯体が完成します。

一方、鉄筋コンクリート造建物は、1階から各階ごとに下階床上～上階床までの鉄筋組立てと型枠組立てを行います。コンクリート打込みをして建物構造が造られ、この作業を各階ごとに造って構造躯体が完成します（10階建てなら10回）。

鉄骨造建物は、構造部材ごとに1階から最上階まで一気に組み立ててから、次の構造部材をさらに1階から最上階まで組み立てるという工法なので、各階ごとではなく業種ごとに工事を行う作業効率を優先した工法ともいえるでしょう。

構造躯体は、鉄骨、外壁材のALC、床デッキがそれぞれ別々に施工され、各部材ごとに多少のクリアランスという隙間を設ける必要があるので、その隙間が後々の雨漏りの原因となる場合もあります。

一方、鉄筋コンクリート造建物は、各階ごとに建物を造り上げる工法で、各階ごとの継ぎ目はあるものの、ワンフロアーの間では継ぎ目のないシームレスな建物構造となっているので、雨漏りのリスクの少ない建物といえるでしょう。

そのため、階を越えての雨漏りはほとんどありませんが、新築時の材料荷揚げに使う仮設開口部の復旧をした部分から、下階天井に漏れたケースがあります。

ALCは工場生産なので品質が一定に保たれている

鉄骨ALC構造と鉄筋コンクリート構造の建物では、構造躯体の種類の違いだけではなく、中身の構造躯体が造られる作業手順や組み立てられる工程にも違いがあるので、建物全体の耐水性や防水性能にも影響を与えています。

鉄骨造の外壁材のALCは、工場で製造されたものが現場に運ばれて取り付けられるので、材料の品質が一定に保たれており、製品の不良による不具合はありません。

鉄筋コンクリートの各部材は、工場から工事現場に運ばれた時点では単体材料で、現場で組み立て製造されて、鉄筋コンクリートの構造躯体ができあがります。

鉄筋コンクリート躯体は、現場での品質管理を徹底していても、工場で同じ形の製造ラインでつくるALCに比べると、オリジナル性の高い形状を現場製造するので、目の届きにくい箇所や作業しにくい箇所などの品質が低下し、後に見えない欠陥として、建物の長期的な防水性維持に対して不利になるという欠点を持つこともあります。

鉄骨構造建物と鉄筋コンクリート構造建物は建物の耐水性が違う

鉄筋コンクリート建物は、各階の打継ぎ目以外には継ぎ目のないシームレスな状態で建物が造られるので、コンクリートの打込みが密実に行われていれば、コンクリート自体は隙間や亀裂がなければ耐水材なので、とても防水性能の高い建物といえます。

それに比べて鉄骨構造建物は、構造躯体すべてが現場で組み立てて造られているので、どうしても耐水性が弱く、経年による雨漏りがしやすい建物構造といえるでしょう。

また、２つの建物のもう1つの特徴として、屋根が平らな陸屋根構造となっている点があります。陸屋根は、１／50～１／１００程度の勾配スラブ上に防水施工を行っています。

ただし、鉄筋コンクリート構造建物は防水工事をする前の段階でも建物の耐水性能を保つことができるのに対して、鉄骨構造建物は１００％防水素材で防水性能を保っているので、防水材の寿命が終われば即雨漏りになってしまいます。

鉄骨構造建物は、鉄筋コンクリート構造建物に比べると、防水寿命よりも先行して防水修繕工事を検討する必要があります。

鉄骨造は露出されている部分が多い

鉄筋コンクリートの鉄筋は、コンクリート内部に埋まっているので、雨の影響を受ける外気には触れない状態となっています。

鉄骨造でも、主要な柱や梁は仕上げ材で覆われているので、直接外気に接しているところはありません。しかし、どうしても建物形状や納め方によっては、露出して造る形状としている場合もあります。

これらの箇所は、建物内部に囲われている部分に比べると外気の影響によりさびるリスクが高いので、定期メンテナンスも早めの対応が必要となります。

特に注意する箇所として、直接雨があたる箇所よりも、間接的に雨が流れる箇所がさびやすい傾向にあります。

例えば、鉄骨階段の段裏側やデッキスラブの裏側など、直接雨はあたらなくても最終的に雨水が流れ、水切れの悪い箇所となるからです。

建物構造は違っても修繕に関する考え方は同じ

鉄骨 ALC 構造と鉄筋コンクリート構造の建物では、2つの建物構造は違いますが、修繕に関してはどちらも60年といわれている建物寿命を維持する目的で、経年により低下した建物の防水性能を保つことと、それまで防水性が低下したことで受けた構造躯体を修復し、建物全体の状態を元の状態に回復させることが大切です。

回復させる箇所や範囲が多くなれば、建物に与えるダメージや修繕費用も多くかかることになるので、適正なタイミングで修繕を考える必要があります。

3　雨漏りしやすい建物構造

鉄骨ALC構造のメリットとデメリット

鉄骨ALC構造建物は、鉄筋コンクリート構造建物に比べると傷みやすいといわれていますが、建物構造の違いはあっても、使用されている建材類の寿命などについては製造メーカーからのデータを見ると極端な違いはありません。

ALC建物は、鉄筋コンクリート構造建物に比べると、軽量、低価格、工期が短い、品質が安定している、施工がしやすいなど、様々なメリットがあります。

一方で、一般的に鉄筋コンクリート建物に比べると、外装修繕工事の費用が高い、短期間で外装修繕工事が必要になる、雨漏りが起こりやすい　などのデメリットもあります。

どんな箇所が傷みやすいかその原因を明確に知っていれば、ALC建物のデメリットを補い、鉄筋コンクリート造建物同様に建物を維持することができます。

鉄骨ALC構造建物の修繕で注意すべきこと

鉄骨ALC造建物は、鉄筋コンクリート造建物に比べると地震で揺れやすいという特徴がありますが、逆にいうと柔軟性が高いともいえます。鉄骨ALC造建物の外壁修繕をするときには、その建物の特性から傷みやすい原因やその箇所を事前に知っておく必要があります。

建物の構造体は、「引っ張りに強い力」と「圧縮に強い力」の両方の特性を生かした素材から造られています。
・鉄筋コンクリート造建物であれば「鉄筋」と「コンクリート」
・鉄骨 ALC 造建物であれば「鉄骨」
どちらかといえば、鉄骨建物のほうが、粘りがあり柔軟性が高いといえます。ALC パネル材は、鉄骨の柔軟性に対して、引っ張りと圧縮の性能を持たないという特性があります。

また、ALC 建物の外装建材の中でもタイルに関していうと、タイル素材と貼付け接着力がその揺れや緩衝に対応しきれないという現実もあります。

揺れや緩衝に対応できない外装素材は、経年により浮きや剥離が発生し、場合によってははがれ落ちてしまう場合もあります。

そこで、外壁の点検や外装工事をする場合には、見た目の異常がなくても、タイルと躯体に浮きや剥離の現象が出ていないかなどの打診調査を行い、万が一浮きが発生しているようであれば、併せて部分的な貼替え補修工事をする必要があります。

また、特に注意すべき箇所が、ALC パネルのジョイントにあたる目地部分です。タイル貼りは、目地間隔があらかじめ決められていますので、目地割付け上やむを得ず ALC パネルの目地上にタイルがまたがって貼られている場合があり、目地部での動きで浮きや割れが発生していることがあります。

ALC目地上には基本的にはシーリング目地を設けるので、タイルをまたがって貼る場合には誘発的な目地を設置する必要があり、それにより浮きや割れを事前に防ぐことができます。

このように、ALC建物は揺れやすいという特徴があるので、外装仕上げ材料に関しても、建物の揺れの影響を受けにくい仕上げや修繕が必要になります。

一次的な動きか繰返し動く箇所かにより処理方法が変わる

建物は、どんな構造種類でも様々な荷重が加わっています。

・固定荷重　建物自体の重さ
・積載荷重　家具や人
・積雪荷重　雪の重み
・風圧力　風の力
・地震力　地震の揺れ

これらの複合的な要素から同じ箇所が繰返し動く場合には、次にまた動いても、切れたり割れたりして雨水が入らない構造にあらかじめしておくことが大切です。それらの箇所を仕上げてつなげて一体とするのではなく、オープンジョイント（見える目地状）とし、シーリング打ちにより動きが出ても防水性が保たれる構造とします。

外壁修繕をする工事会社の選び方

外壁修繕工事は、ほとんどの修繕工事会社で行っていますが、実際には鉄骨ALCや鉄筋コンクリート造建物の構造的な不具合の原因調査ができる資格や許可を持たないまま、工事を行っている会社もあるようです。

言い方を変えると、これらの建物の修繕工事の知識がないということに気づいていないのかもしれません。

知識がないと、経年劣化という外的要因のみで修繕工事に対応してしまうこともありますので、工事会社選びは慎重にする必要があります。

鉄骨ALC建物が雨漏り被害に気づくのが遅れてしまうのはなぜか

鉄骨構造の雨漏りに気づくのが遅れる原因の1つに、耐火性を維持する目的の耐火被覆《ひふく》により鉄骨が覆われていることがあります。

耐火被覆は、ロックウール素材をセメント水で吹き付けて固められていますが、綿状で水分を含むという特徴があり、外部からの雨水を吸収してしまうので、室内に雨漏りとして発見されるには時間がかかるからです。

また、雨漏りの頻度が少なく少量である場合などは、浸みては乾くという状態を繰り返し、気づいた頃には被害が大きくなっていることもあります。

外部には隙間が見えなくても隠れている内部には隙間が多い

外壁の一部から侵入した雨水が、室内の広範囲に雨漏りすることがあります。これは、建物構造に原因があります。

鉄骨は、各部材の組立て工程の中で、次の取付け部材の精度に悪い影響を与えない程度に余裕を持たせる処理がどうしても必要となります。その結果生じる隙間をクリアランスといい、モルタルなどで隙間を埋めますが、これは建物の内側なので防水処理を目的としたものではなく、火災が発生した際に火や煙が上階に移らないための消防法上の処理に当たります。

そのため、これらのジョイント部は、防水性を持っていないので、１度室内側に入った雨水は上から下へと地球の重力に従って流れ、広がってしまうのです。

このような鉄骨造建物の特性から、雨漏りが発生した箇所の直上だけでなく、さらにその上へと原因調査をすることも必要となります。

防水性をカバーするためのアルミ笠木が思わぬ弱点となることもある

アルミ笠木周辺も鉄骨造建物の雨漏り箇所としては多い部位です。ALC造は、タテに60㎝間隔でジョイント目地があり、最上部の端末にそのジョイントが表面化するため、防水性を確保する目的で、ほとんどの屋上の外壁最上部にアルミ笠木が設置されています。

外壁最上部には防水施工もされているので、アルミ笠木がないとダメというわけではありませんが、設計上の2重防水の原則から防水機能を持たせています。

ただし、アルミ笠木の巾は自由に選べるので、躯体との適正な20㎜以下程度の間隔で納めないと、強風でアルミ笠木裏側に雨水が吹き込んでしまいます。

固定するための下地レベルが一定になっていない場合も、アルミ笠木に対しての立上り躯体へのかぶせ深さの浅い箇所が発生し、同様に雨水吹込みの原因となります。

また、裏側には、固定用アンカーにより1～2m程度の間隔で穴あけがされていて、アンカー固定後のシーリング処理がされずに雨漏りしている建物もあり、アルミ笠木がつけられているからといって安心はできません。

修繕工事の際に併せて点検し、必要であれば適正な処理を行うことが大切です。

4 クラックが原因による雨漏り

ALC外壁材に伸縮性はなく小さなクラックにも要注意

鉄骨造は、柔軟性が高いので地震に対しての揺れに強く、左右に振れても元の位置に戻るという特性があります。それに対してALC外壁材には柔軟性はほとんどなく、1度変形すると元の形に戻ることはありません。結果として、壁面にクラックというひび割れが発生し、雨漏りの原因となります。

ACL外壁材は、厚さ10㎝程度で、製造された時代にもよりますが、内部の鉄筋も６～９㎜程度のものが入っています。内部鉄筋については、コンクリート同様に引っ張り力に対しての力を発揮しますが、ALC材が軽量気泡コンクリートで強度が弱いので、過度な力が加わる開口部や目地回りに割れが発生しやすいという特徴があります。

ほとんどのクラックは、10㎝のALC厚さを貫通して内部側まで到達しています。クラック巾が１㎜にも満たない小さいものでも同様です。

そのため、原因が判断できずに、不明な箇所からの雨漏りとされるケースがあります。まさかと思うほどの小さなヘアークラック程度から雨漏りするので、注意が必要です。

この症状は、年代に関係なく発生するもので、古い建物のほうがクラックが大きいのでわかりやすく、むしろ新しいほうが内部の鉄筋量が多いので、クラックが小さく気づきにくい傾向にあります。

タイル貼りがされている場合

タイル貼りがされている場合でも、内部でALCにクラックが入っていれば、同様に雨水は建物に侵入します。

タイル壁面の場合は、タイル表面にもクラックが入って目視で確認ができる場合と、タイル表面は割れていないが劣化した目地からクラックを流れて雨水が侵入する場合があります。後者の場合はとても厄介で、タイルをはがしてから防水処理をしてもう1度タイルを貼る作業になるので、表面状態に問題がなく、時間も費用もかかる上に範囲も広くなることから、納得感が得られず、修繕を考えてしまうことがあります。

このような場合の対処方法として、タイル壁面に透明の防水塗料を塗る方法もあり、タイル壁面から1度でも雨水侵入した建物などに予防対策として塗るケースもあります。

鉄骨造は鉄筋コンクリート造より建物自重が軽く造られている

鉄骨造建物では、鉄骨以外の外壁ALCだけが軽量なのではなく、屋上防水についても防水層の上に重量のある保護コンクリートのない、露出防水工法とすることが多いです。

建物上部を軽くすることで、地震力への揺れを軽減する効果があります。もし上部を重くすれば、建物構造を強くする必要があり、建築費用が高くなります。

この露出防水が決して悪いわけではありませんが、下地の床のデッキコンクリートに地震力による揺れでクラックが入ると、上部の防水層にも影響が出て切れたりはがれたりすることがあります。

工事保証の免責事項について

外壁塗装工事における塗装や塗膜についての保証を、工事店は「保証書」という形で後々の安心もセットで提供しています。保証書には保証内容と保証期間が書かれており、一般的には塗った塗料について、はがれや変色などの極端な変化がないことを保証します。

期間についても、完了引渡し日より何年と明記します。保証には免責事項というものがあり、これは、事項に該当する事象については施工責任に該当しませんという意味です。

躯体のクラックからくる塗料の割れやはがれなどが免責事項として書かれています。外壁修繕工事で工事対象としていない部分からが原因の場合で、施工者側に責任がないことになります。

工事会社を選ぶ条件として長期保証の有無は大切ですが、一般的ではない免責事項が多くつけられていたり、長期保証に対してのメリットがない場合もあるので、工事保証は期間だけで判断するのではなく、保証内容と免責事項を確認する必要があります。

陸屋根のクラックに対する考え方

陸屋根の防水工事に関しては、クラックにある程度の対策を考えた工法を選択する必要があります。割れが予測できる端末立上りなどに補強クロスを入れる仕様としたり、亀裂に強い高耐久型の防水材を選んだりすることも可能です。

建物が古くなると、クラックのリスクはどうしても高くなるので、修繕工事の時点でそれほど事象が現れていなくても、先々のことを考えて、躯体にクラックが入っても影響の受けにくい工法や材料とすることもよいでしょう。

建物が古くなると出てくる影響を、事前に防止する目的でも修繕工事を考える必要がありますが、ここには工事費とのバランスもあります。今やったほうが建物にとってよいのは理解できるが、修繕費を少しでもおさえたいなど、様々な事情で人それぞれの判断があります。

修繕をどのタイミングで行うかの判断予測は人任せではなく、自分でしっかりと知っておくべきです。

5　鉄骨建物のさびについて

表面に現れるさびが悪化すると構造にまで影響する

建物は、様々な建材類で造られていますが、大きく分類すると主要構造部と呼ばれているとても重要な部分があります。主要構造部とは、建築基準法で柱、壁、床、梁、屋根、階段と定義されています。また、主要構造部に使われている材料を主要構造部材といいます。

この主要構造部材は、木構造や鉄筋コンクリート構造や鉄骨構造などからなり、建物の用途や規模によって違いがあります。

その中でも特にさびに関して注意が必要な建物が、鉄骨構造の建物なのです。鉄骨にはさび止め塗装処理がされた上に、仕上げ塗装や仕上げ建材類が塗られたり貼られたりしています。また、ほとんどの鉄骨建物は、モルタルやALC建材類で外装されているので、直接外部に鉄骨が露出しない構造となっています。

共用廊下や外階段やバルコニーなど鉄骨部分が露出している箇所は、隠ぺい内部の鉄骨よりもさらにさびにくい塗装がされているなどの対策がとられていますが、そのような仕上げ塗料も永久的なものではないので、定期的なメンテナンス塗装が必要です。

そして、その定期的な外壁塗装修繕の時期タイミングを逃すと、予想以上に鉄部のさびが発生し、鉄骨内部にまでさびが進行すると構造体自体の強度が低下してしまいます。

外部に露出している鉄部は、いずれはさびるという認識が必要で、さびの程度が悪化すると元の状態には回復しません。つまり、さびが出る前または初期のさびの段階での対処が必要になります。

一般的なコンクリートやモルタル外壁と違い、塗膜の劣化がダイレクトに鉄さびとなり、鉄骨自体が劣化しダメになってしまうので注意が必要です。

鉄部手すりの気になるさび

主要構造部以外の付帯部といわれる鉄部手すりなども同様に、さびにより部材の接続箇所の溶接部に穴があき、内部に雨水が簡単に入ってしまうことがあります。

鉄製材の溶接部は、部材加工される前の状態で塗られているさび止め塗料が溶接作業の熱により焼かれ、1度ない状態となり、後に部分的なさび止め処理を行いますが、現場で組み立てて固定する場合も、同様に熱で焼かれるため、加工しない箇所に比べるとさびやすい部分になります。

また、セメントモルタル内に埋められる手すり支柱の固定として行われる溶接部に対しては、セメントモルタル材がアルカリ性でさびに対する抑制効果が高いことと、付着力を高める目的で一般的にさび止め処理を行いません。

ところが、セメントモルタルは、コンクリートよりも強度が弱く硬化時に収縮します。体積が少し小さくなることで微量の隙間が発生し、後に水分の侵入の原因となって、鉄製手すり支柱の固定部のさびを誘発することがあります。

近年の建物では、無収縮型のセメントモルタルを採用していますが、古い建物ではほとんど使われておらず、修繕の際にはそれらの隙間を埋める処理を行うことになります。

また、交換できる付帯部については、鉄製からさびにくいステンレス製やアルミ製のものに交換するのもよいでしょう。

建物の目に見えない部分の金属のさびについて

建物には、各所に金属が使用されています。

建物に利用されている金属の種類としては、鉄・アルミ・ステンレスなどがあります。

近年の建物では､さびにくい材質であるアルミやステンレスが多く使われるようになりましたが、現在修繕の時期を迎えている、築20年以上経過している建物では、まだまだ鉄が利用されています。

例えば、手すり、物干し金物、雨どい固定バンド、玄関ドア、面格子、門扉など、現在ではアルミやステンレス製品を利用するケースが増えています。

鉄製品は、新しい間はさび止め塗装やメッキの処理がされているのでさびませんが、５年を過ぎると徐々にさび始めて、雨がかかる外部ではその進行が早く、10年を過ぎる前にはメンテナンス塗装することが理想です。

しかし、建物の外装修繕は、12～15年ごとに行うことが一般的なので、初めての外装修繕をする時期に、特に状態の悪い箇所などはさびがかなり進行しているケースもあります。

このような場合は、さび止め処理をするのも1つの方法ですが、その箇所をさびにくいアルミやステンレス製品に交換することも考えられます。

材質的には鉄製品のほうが安いので、新築時には鉄製品を利用したという理由もありますが、現在ではアルミやステンレス製品も広く普及しているので、価格的にも大きな差がなくなってきたかもしれません。

いずれは交換をしなければいけない時期が来るのであれば、早い段階の修繕の時点で交換する選択肢を考えてもよいでしょう。

鉄さびは他の金属建材へのさびを誘発する恐れもある

例えば、金属板金ひさしや金属ルーフなどはさびにくいガルバリウム加工がされていますが、周辺からの飛びさびによりもらいさびが付着すると、簡単にはさびない箇所がさびてしまう場合もあるので注意が必要です。

12～15年に1度行う建物の外壁修繕工事では、せっかくですので先々を考えてまとめて交換する箇所を検討することも大切になります。

思い切った交換などを検討する必要性があるのは、屋根や外壁に使われている鉄製品は本体の屋根外壁材より早く劣化するので、同じ12～15年程度のサイクルで修繕を計画してもすでにさびが進行していて、塗装修繕だけでは元の状態まで回復できないこともあるからです。

それらが付けられている箇所は、風雨にさらされているので、強度が低下していると、台風などの影響により、浮き上がったり外れてしまうなどの心配もあります。

そして、ほとんどが高所であるため、足場がないと工事ができない場所であれば、建物修繕の際に併せて何等かの処理をすることの必要性は、コストの面からもメリットがあることがわかります。

また、本来であれば、外部に使用する材料については、さびない金属を使ったほうがよいのはわかっていますが、そこには建築コストとの関係があります。いくらよいものでも価格が高ければ売れないので、定期的な建物修繕をするという前提として、建築時に鉄製品が使われていることを理解する必要があります。

鉄製品への塗装修繕についての現状は、十数年前とは比べものにならないほど、さびに対して強いエポキシ樹脂系サビ止め材や、フッ素や無機質系の仕上げ塗料材などがあります。コーティングが強固となりますので、利用するとよいでしょう。

第４章　鉄筋コンクリート建造物の特徴

1　鉄筋コンクリート造の年代による違い

建物は地球上の自然環境にさらされている

建物には、強度性能、防水性能、断熱性能が求められています。それは、地球上の様々な自然環境から受ける影響の一部であり、重力、天候、太陽の影響から建物を守り維持するために必要な性能です。自分で注意していても避けることのできない不可抗力であり、建物がこの自然環境から受ける影響は、時間の経過によって変化するので、今までは大丈夫でも今後もそうである保証はありません。

鉄筋コンクリート構造は、建物が完成するとコンクリートの中にある鉄筋は見えなくなりますが、時間経過によりコンクリートに発生するクラックから水分が侵入し、内部の鉄筋がさびることで建物構造に悪影響を与える悪者になってしまいます。

鉄筋コンクリート建物建築は、かなり特殊な技術によって造られています。工場で造られた未完成材料を、天候に左右される現場で組み立て、成型して建物構造を完成させます。

当然、現場は屋外で、季節的な気候や天候にも影響を受けるので、工場内生産のような一律の品質管理とすることはできず、とても難しく大変な労力が伴います。

さらに、その当時の建築方法も、今となっては過去のもので大きく変わっているので、過去に建築された建物を現在の技術で修繕するために、両方の情報が必要となります。

この章では、鉄筋コンクリート建物の修繕をする上で大切なことを説明します。

建築された年代によりコンクリートの外壁構造の品質に違いがある

・昭和40年前半～後半

鉄筋コンクリート躯体を造る型枠の精度が低く、躯体ができたあとの外壁に20㎜程度のモルタルを塗って外壁下地としています。その上に塗装またはタイル貼りなどの仕上げがされている建物です。

特徴としては、経年や地震などの影響でクラックが発生し、モルタルと下地のコンクリート壁面が部分的に浮きや剥離を起こしている箇所があります。

そのため修繕工事をする際は、打診調査の結果、広範囲に浮きと剥離があれば、ステンレスピン併用のエポキシ樹脂注入が必要となります。

・昭和50年前半～64年頃

鉄筋コンクリート型枠の精度が向上して、セパレーターや金属製の支保工などを使うようになり、躯体精度もよくなって、コンクリート打放しという工法が一般的になりました。

この工法は、打放しコンクリート表面に、１～２㎜程度の厚さでセメントペースト類で補修して、塗装やタイルの下地とする方法です。

特徴としては、型枠パネルのジョイント部のコンクリートのバリをサンダーによる砥石で削るので、その際の研磨粉の影響で、後にその部分の浮きや剥離がしやすい箇所となることです。

※昭和56年6月1日より新耐震基準が施行され、鉄筋量およびコンクリート強度が見直され、共に増えて強度を増しました。

・平成元年～平成中半

鉄筋コンクリート型枠金物などの精度がさらに向上し、手すり立上りも下階と同時打ちをすることも可能になって、躯体の打継ぎやコールドジョイントなども少なくなり、今までより防水性のよい躯体を造ることが可能となりました。

他にもコンクリート打込み時のスランプ（水セメント比）や鉄筋量も増えて、よりクラックが入りにくいコンクリート躯体を造ることができるようになりました。

・平成後半

さらに鉄筋コンクリートの精度が上がると共に、デザイン性の高い新たな外装材料や機能性の高いアルミサッシなど、様々な分野で進化し、建物全体の品質が向上しています。

また、シーリングなどの副資材類の耐久性もよくなっています。

2　建物工期と建物の経年劣化の関係

工事工程表と実際の工期

建物の規模や構造種類によって完成までの工期に違いがありますが、一般的には設計者が計画段階で、建物の規模に応じて適正な工期を設定します。

その工程は、施工者が決定し、工事計画段階でもさらに検討され、契約書にも記載されます。工事期間内に建物が完成しない場合、遅延せざるをえない正当な事由がなければ契約違反となります。

なぜ、修繕工事で建築工期の話をするのかというと、通常より建築工期が短い建物ほど、修繕をする時期に様々な建物不良が発生しているからです。

施工者は、工事着手から完成までの工事工程を綿密に計画し、正確な工程表をつくります。工事工程表には、クリティカルパスと呼ばれる工事を進める上での最短ルートがあり、工事期間のロスを極力省けるよう計画がされています。

ところが、鉄筋コンクリート建物や鉄骨建物のように規模の大きな建物は、工事期間が長く、工事に関わる職人の数も多いので、予定どおりに工事が進まない場合もあります。


全体工期の中でも特に工事が遅れがちになるのが躯体工事

構造躯体工事は、屋外での作業になるので天候に左右されやすく、各階ごとに造る工事になるため狭いスペースで多くの職人が作業を順序よく行わなければ、スムーズに工事が進みません。

職人が効率よく作業をするには、少ない人数がよいのですが、工事を管理する側からすると、工事を遅らせることなく工期の短縮を目指したいので、相反する側面を踏まえながら、適切に工事を進める必要があります。

実際の建築工事では、適正な工期が十分にある場合と明らかに工期が短い場合があり、建物の品質に影響が生じます。

その理由としてよくあることに、施主（注文者）の都合によるものがあります。完成後の利用開始日が決められている場合など、計画段階での遅れがあっても完成日をずらすわけにはいかないからです。

建築士と施工管理の立場から見ると、少し矛盾しているなと感じることもあります。修繕を必要としている様々な建物を見ると、建物の工期による影響が劣化に関係している建物と、適正な工期で工事を進めて建てられた建物を判断することができます。

季節によって経年劣化に影響が出る

鉄筋コンクリート造建物や鉄骨構造建物は、建物の規模にもよりますが、3階建て程度の小規模の建物でも6か月以上の工期がかかり、大規模なビル、マンションなどは1年以上の工期を必要とします。そして、12〜15年を経た建物の経年劣化は、工事を行った季節的な要因にも影響を受けるのです。

日本の気候は、春夏秋冬と季節ごとに気温や天候に違いがあります。建物を建築する上で、特に影響を受ける部分が外部での工事になります。

重要な構造躯体を造る工事では、気温が低い冬季の工事の場合、気温の低下によるコンクリートの硬化不良を防ぐために、温度補正という形で生コンクリートを温めて、さらにセメント量を増やし強度補強を行います。

この温度補正は、各地域や季節ごとの年間の平均気温により定められており、寒冷地や真冬の寒い季節は補正値も大きくなります。

補正値を上げるのと比例して目標の設計基準強度も上がるので、建物にとって季節的な要因をカバーすることにはなりますが、セメント量を増やすことで硬化時（コンクリートが固まるとき）にクラックが入りやすい建物と考えられます。

クラックを防止する方法

初期段階の養生期間に関係しますが、実際の躯体工事では、季節によって養生期間を考慮することはありません。

結果として、冬季にコンクリート躯体工事を行った建物は、数年後の外壁修繕工事をする場合に、そのクラックは経年というより初期の時点で発生している可能性もあると考えられます。また、冬場の外部のセメント系のモルタルや、タイル貼り仕上げ工事を行っている建物なども、気温による影響を受けるために、外装の経年劣化とも関係があります。

一般的な鉄筋コンクリート構造建物では、日本の年度などの慣習から季節的なことも考えられ、暖かい季節に躯体工事を行い、冬場は内外部の仕上工事を行い、春先に完成という工事期間に設定することが多いです。

外壁修繕工事をする際には、季節的な気温の影響を受けている部分の下地処理や修復をすることも必要となります。建物修繕において、まさか今の建物が、新築時の季節的な要因から影響を受けているとは思ってもみなかったでしょう。

3　鉄筋の配置やコンクリート内部の空間が建物に影響する

コンクリート内部の鉄筋

鉄筋コンクリート建物は、コンクリート内に鉄筋がバランスよく配筋されて建物の構造強度が保たれています。鉄筋は、引っ張り力を補う目的で入れられているので、建物の引っ張り力が発生する箇所に多く配筋されています。他にも、引っ張り力が発生しない箇所に、コンクリートの割れを防ぐ目的としても入れられています。

建物の主要構造部である柱、梁、床、壁などは、その部位ごとにかかる引っ張り力が違うので、当然、鉄筋の太さや本数など配置されている量も異なります。

結果として、築後12～15年後に発生する症状にも違いがあり、建物の外壁修繕方法も違いがあります。

引っ張り力が強く加わるのは梁や柱部分

その中でも力が強く加わる梁や柱部分には、同じ外壁面でも鉄筋量が多く、外壁クラックの対処がとても重要になります。

梁や柱に入っている鉄筋は、20～25㎜程度の太い主筋と10～13㎜程度の帯筋の2種類で配筋されています。この2種類の鉄筋は、次のようにそれぞれ目的が異なります。

・太い主筋：梁や柱を直接曲げ、強度に対する引っ張り力を補う目的
・細い鉄筋：太い主筋が曲げ力に対して外側にふくらまないよう拘束する目的

そして、この2種類の鉄筋にはもう1つ特徴があります。それは、一般的にかぶりといわれている鉄筋から外壁面までの距離が、配置的に外側に位置する帯筋からの距離となることです。

本来、鉄筋のかぶりは、壁で30㎜、柱と梁は40㎜と最低基準が建築基準法で定められていますが、梁や柱のつなぎ目や窓開口部の周辺はとても多くの鉄筋が交差し配置されているので、計算上決められているかぶりを確保することが困難となり、現場では定められているかぶりが少なくなりがちになります。

そのため、12～15年に1度行う外壁修繕工事の際、かぶりが少ないために発生しているクラックや爆裂がある場合には、その対処方法を慎重に検討する必要がありますのでご注意ください。

対処方法としては、かぶりの極端に少ない部分に樹脂系モルタルを厚塗りを必要とする場合もあります。

鉄筋コンクリート内部の空間隙間と雨漏りとは大きく関係がある

鉄筋コンクリート建物が雨漏りを起こす原因は、壁などのコンクリート躯体内部の隙間によるものです。

一体なぜ、本来は隙間なくコンクリートが成形されているはずなのに、壁内部に隙間が発生してしまうのでしょうか。

先ほども説明したとおり、コンクリート内部には様々な太さや本数の鉄筋が入っています。その鉄筋と鉄筋の間隔についても決まりがあり、一般的な鉄筋コンクリート建物では30㎜以上の間隔をあけて配置するようになっています。

さらに、コンクリートの骨材（砂利）が、最大で20～25㎜程度という決まりがあり、現場でコンクリートを打ち込む際に、隅々までコンクリートが密実に流れるための間隔として決められています。

しかし、実際には、その間隔が確保されていても、鉄筋同士が多く交差する窓開口部周りや柱梁の付け根など、コンクリートが流れにくい箇所が存在します。

また、鉄筋の表面には、コンクリートの付着面積を増やすための凹凸があり、鉄筋の太さを表すD22やD25という直径表示は凹部の小さい部分の寸法なので、設計上の計算では間隔が保たれるはずの壁や梁などの躯体寸法は、凸部が合わされば計算上の間隔寸法より大きくなり、最終的に外壁側のかぶり寸法が少なくなることもあります。そのしわ寄せが、外壁の後々に発生するクラックや爆裂の原因の1つと考えられます。

かぶり寸法を確保する目的で設置されているスペーサーとは

スペーサーとは、一定の間隔のかぶりを確保するために、型枠と鉄筋の間に設置する間隔保持材です。一般的には、塩ビプラスチック製で、過度な力が加わるとつぶれたり曲がったりしてしまい、本来の間隔保持性能を維持できません。

躯体工事では、かぶり寸法自体が足りないとつぶされることもあり、このような箇所は表面的には隙間のないコンクリートのように見えますが、クラックが入りやすく、クラックが発生すると簡単に鉄筋まで雨水が浸透し、鉄筋がコンクリート内でさびる危険性があります。また、クラックが入りやすい箇所なので、鉄筋量が多くなるという逆効果を生んでしまうこともあります。

このような箇所は、外壁修繕をする際に、打診調査や内部鉄筋のさび状況などを判断し、エポキシ樹脂注入や欠損部や隙間をグラウトモルタル（無収縮モルタル）などで埋めるなどの適正な処理が重要になります。特に窓周辺は、アルミサッシで受ける雨水が流れて直接クラック内部に侵入する可能性が高いので、外壁修繕工事で見逃さないように注意が必要です。

4　鉄筋コンクリート建物の防水性能とその維持管理方法

耐水材のコンクリートになぜ防水処理が必要となるのか

鉄筋コンクリート造建物は、鉄骨造建物や木造建物に比べるとコンクリート構造自体の防水性能は高く密実に成形されている建物です。揺れに対する剛性も強いので、地震による変形影響も少ないといえます。

コンクリート自体は、耐水材料という水を通しにくい材質ですが、外壁や屋根には防水性能を保持する目的で塗装や防水施工がされています。その理由としては、鉄筋コンクリート建物は建物形状に成形する段階で鉄筋を組み立て、型枠を組み立ててその中に生コンクリートを流し込むため、全体にコンクリートが密実に充填されていない箇所も実際には存在するからです。

そのような箇所を「ジャンカ」と呼び、型枠解体後にそのコンクリートの空隙のジャンカをモルタル等で平らに埋める作業を行います。

ただし、左官工が行うジャンカモルタル埋めも壁や柱の奥深くまで完全に埋めることはできません。一般的には、表面的に目に見える部分の埋込みとなるので、躯体内部には隙間が残ることになりますが、表面的には平滑に化粧仕上げをして、防水性のある塗装を塗ることで建物に防水性を持たせることができます。

劣化して雨がしみ込む前に

鉄筋コンクリートの建物は、経年劣化や地震等の影響でクラックや表面仕上げが劣化して古くなると、コンクリート躯体内部に簡単に水分がしみ込んでしまいます。そうなると、さらに躯体内部の空隙部で水が回り、コンクリート内部の鉄筋がさびてコンクリートが爆裂し躯体強度が低下します。

そうならないために、10～12年程度ごとに定期診断を行い、調査の結果に基づいた適正な修繕を計画することで建物全体の防水性能を保つことができます。

修繕工事を行うときは、建物全体の防水性能を回復維持する目的を忘れないことが大切です。

鉄筋コンクリート建物のスラブの防水性について

スラブとは、鉄骨造建物や鉄筋コンクリート造建物の床構造のことです。

鉄筋コンクリート造建物を建築する工程での鉄骨造建物との違いとして、構造躯体を各階ごとに造るという点があります。

つまり、コンクリートが耐水材であることを前提とすると、建物全体の防水性能が低下して雨漏りが発生した場合でも、各階単位で区切られているので、上下階はコンクリートスラブにより防水性が保たれていることになります。

特徴としては、床スラブ、壁、柱、梁と構造部として呼び名や箇所は分けて表現しますが、構造的には一体で、それぞれの継ぎ目に隙間はありません。

鉄骨造建物に比べると、コンクリート造建物は外部から雨水が侵入しにくいという特性があるので、外壁面からの雨漏り発生の原因は同じ階からの可能性が高く、上階より下階へ流れ出る可能性はとても低いと考えてよいでしょう。

各階スラブには仮設の開口があった

本来の鉄筋コンクリート建物は、上下階が耐火構造のコンクリートで完全区画されているので隙間がない状態で造られていますが、各階の床スラブには工事中に仮設開口という穴が開けられ、不要になった段階でコンクリートで塞ぐことになっています。

具体的には、躯体工事の際に型枠材用を転用するための荷揚げ用の開口部や、墨出し用の穴（スリーブ）などです。これらの穴は、使用後コンクリートを打って防水処理をするのが本来の施工手順ですが、古い建物の多くはその防水処理がされていません。そのため何らかの原因でスラブ床面に水が流れ込むと、その階の部屋は雨漏りがなくても、下階の天井や壁に雨漏りします。

表面的には見えなくても継ぎ目がある

表面的には継ぎ目がないように見えるので、一見すると気づくことができませんが、コンクリート躯体の形状から実際に打ち継ぎがあることを発見することができます。

それらの部分は、少量の雨水が流れても雨漏りする危険性があり、水平面や斜壁部に関係するとさらに少しの雨でも雨水が侵入するので、確実に防水処理する必要があります。

処理としては、打ち継がれているコンクリートのジョイント部に目地溝を設けてシーリングをする周辺範囲を塗膜防水（ウレタン防水）処理するなどの方法があります。また、室内スラブの開口の際に防水処理を併せて行えば、万が一外部から雨水が内部に差し込んでも下階の室内への雨漏りを未然に防ぐことができます。

このように、古い鉄筋コンクリートの雨漏りは、新築時においての施工方法や防水処理が大きく関係するので、修繕工事をする際にはそれらの箇所も逃すことなく適正な処理が必要となります。

5　躯体成型

鉄筋コンクリート建物の躯体工事で重要なことは

鉄筋コンクリート建物は、他の構造の建物に比べると自由度が高いので、デザイン性も含め様々な建物形状に対応できるという特徴があります。建築基準法の高さ制限による斜線等の形状変化や大開口を必要とする窓リッシ、自然採光を取り込むための天窓やトップライトなどに対応できる構造躯体を造ることも可能です。

躯体工事で大切なのは、コンクリートを密実に打ち、隙間のない躯体を造ることです。一般的なコンクリート躯体工事では、打継ぎといわれるコンクリートとコンクリートの打込み製造日が別の日になるので、その部分には微細な隙間があります。

そのため、打継ぎ外部に凹状の目地を造ってシーリング防水処理を行います。また、一般的な打継ぎとは別に、コンクリート打込み当日間で打込みの時間差により発生するコールドジョイントというものもあります。他にもジャンカと呼ばれる躯体内の空隙が生まれることもあります。

躯体工事では、表面的な空隙だけではなく内部空隙も打診確認して、モルタルでしっかりと埋めてから外装仕上げ工事をすることが重要です。

アルミサッシ周りの躯体成型

鉄筋コンクリート構造建物では、躯体工事でしっかりしたコンクリート躯体を造っても、後の仕上げ工事で発生する様々な箇所へのモルタル埋め工事が完全に施工されないと、建物全体の防水性能が低下します。窓開口部は、アルミサッシを鉄筋コンクリート躯体に溶接取付けした後の20〜30㎜の隙間に防水モルタル埋めを行います。

この施工方法は、鉄筋コンクリート建物の窓サッシ取付け工事ではすべて同じで、自然採光を取り入れるための天窓でも同様です。ただし、躯体形状がうまく合わない場合には、コンクリートを部分的に削る（壊す）ことや、モルタル塗りで躯体成形をすることも多々あります。

そこで注意が必要なのが、削ったり盛り付けたりした躯体やモルタルの防水性能です。そのような躯体部分には、付け合わせた隙間があるので、その外部には必ず目地を設けてのシーリング処理が必要となります。

建物完成当初は問題がなくても年数が経つと問題が発生する

ところが、初めからシーリング目地を設置する予定ではない場所に、予想外のアクシデントでつけ送りモルタルやモルタル成形がやむを得ず発生した場合、シーリング目地をつけることでデザイン性が悪くなることから、ダイレクトに外装仕上げ工事をしている建物があります。

建物完成当初は問題ありませんが、外壁塗装が劣化し始める頃になると、モルタル継ぎ目のクラックや隙間などから雨漏りすることがあります。

このような箇所からの雨漏りは、表面から継ぎ目などの確認ができないのと、本来防水処理が必要でない部分から雨漏りしていることがほとんどなので見落とされてしまい、原因を発見するための調査には困難を極め、よほどの躯体工事経験者が見ないと発見できないこともあります。

鉄筋コンクリート建物で原因不明な雨漏りの多くは、新築時の躯体工事に原因があります。けれども、現状で雨漏りしている鉄筋コンクリート建物から躯体内部の施工の不具合原因を見極めることは簡単ではないので、建物所有者も何度も改修工事をしながら、直せる工事会社を探していることもあります。

6　雨漏りしやすい箇所

鉄筋コンクリート建物が雨漏りしやすい時代背景

鉄筋コンクリート建物は、建築された年代によってその当時の建築技術に差があることが、実際に修繕工事を必要としている建物の状態を見るとよくわかります。

特に、昭和40～50年代に建築された鉄筋コンクリート建物は、施工管理の質が低く、近年建築された建物と比べると比較にならないほど躯体の造りや精度が悪いことが伺えます。

これは、躯体工事において、その品質を左右する型枠技術や機材が現在ほど整っていないことが原因の1つとしてあげられます。

コンクリートを密実に造り上げるには、打込み時に生コンの圧力にしっかりと耐えられる型枠技術が必要となります。また、当時はコンクリートを密実に打ち込むためのバイブレーターの性能も低く、内部にどうしても空隙が生じてしまうことも、躯体の防水性を低下させる原因となっています。

雨漏りは発生している箇所がわかっても侵入箇所を見つけるのは困難

雨漏り調査では、自然に降る風雨と同じ条件で散水調査をすることは難しく、可能性のある部分を1箇所ずつ確認するしか方法がありません。

しかし、雨水が出ているということは、必ず入口があります。実際に、雨漏り調査を行うと、意外な箇所が原因の場合も多いので、常識では考えられないところも疑って調査する必要があります。

雨漏りの侵入箇所を部位別に考えると、「直接雨がかかる箇所」と「直接雨はかからないが雨水が流れる箇所」の2とおりに分類できます。雨漏り調査では、目視打診や散水や水張りなどを行いますが、これらの調査の範囲としては、雨が降ると直接雨がかかる箇所を行うのが一般的なので、どうしてもそこに目や気持ちが行ってしまうのも仕方ありません。

原因不明の雨漏りで様々な陸屋根防水や外壁塗装をしても直らなかった実際のケース

原因不明の雨漏りには、「雨が降ると直接雨はかからないが雨水が流れる箇所」の場合があります。そのため、現地調査では、「普通なら雨が流れず防水処理を必要としない箇所に雨水が流れ込んでいないか」の調査をする必要があります。また、表面からは見えない躯体内部に通じる隙間やクラックなども可能性があります。

実際にあった事例として、外装工事と防水工事を完全施工したにもかかわらず、雨漏りが直らないという建物がありました。

【図表15　ジャンカ穴から雨水侵入】

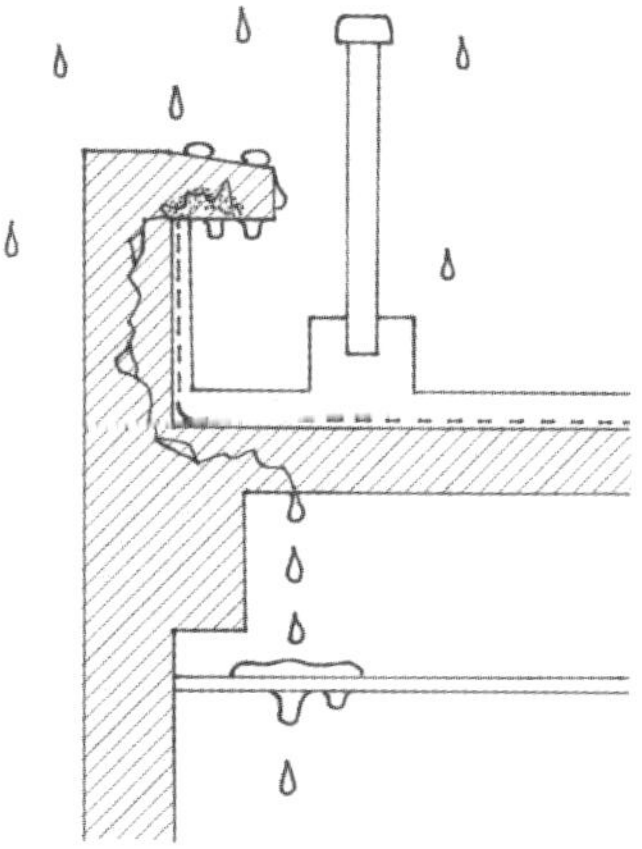

具体的には、次のように段階的に調査を行いました（築48年、地上８階建て、鉄筋コンクリート造マンション）。

・陸屋根防水面：立上り部、配管貫通部、ドレン部、手すり基礎部
・外装仕上げ面：打継ぎシール、窓周りシール、雨どい貫通部、パラペット取合い部
・その他：サッシ本体のジョイントコーナー部、外

部コンセントBOX、
これらのすべてを調査しても異常はありませんでした。ここで最終的に可能性が残るのが、「雨が降ると直接雨はかからないが雨水が流れる箇所」です。

この視点で建物を見たときある箇所が思いあたり、調べると躯体には新築時のジャンカ空隙が表面に穴として表れていました。それは、コンクリートパラペットのアゴ裏の部分です。

一般的に、パラペットのアゴ裏には、水切り目地があり、パラペット天端で受けた雨水がアゴ裏に流れ込まないように造られているのですが、その建物には水切り目地がなく、通常なら防水処理をしない部分に雨水が流れ込む構造となっていたのです。実際の状態としては、手すりの設置がされ、パラペットのアゴ裏部の防水施工は片手が入るギリギリの状況でした。

修繕工事の際には、「雨が降ると直接雨はかからないが雨水が流れる箇所」に注意しましょう。

7　コンクリートにクラックが入る理由

鉄筋コンクリート造建物に入るクラックの特徴

鉄筋コンクリート造の特徴としては、圧縮力に強いコンクリートと、引っ張り力に強い鉄筋を躯体の中でバランスよく配置することで、互いの特性を活かして強度を保っています。

クラックは、これらの圧縮と引っ張りのバランスが悪い部分に入ることが1つの原因とされています。

【図表16　クランクが鉄筋まで到達】

鉄筋の太さや間隔については、柱、梁、壁、スラブなどにより違いますが、壁についてはＤ１０×＠２００という太さ10㎜×間隔２００㎜で縦横に配筋されています。これらの鉄筋が躯体の引っ張り力に平行に働くことで、動きに対する反力を発揮し、躯体を静止状態に保つのですが、躯体に働く動きは必ずしも上下左右とは限らないので、バランスが保てない部分にクラックが入りやすくなります。

また、コンクリートに加わる動きには、上下左右にずれる力が働くせん断力が加わることもあり、この場合に発生するクラックは斜めに入るという特徴があります。

鉄筋コンクリート造建物のクラックはどこに発生しているか

鉄筋コンクリート建物は、様々な原因によりクラック（ひび割れ）が発生しています。では、どのような箇所にどのような原因でクラックが入るのでしょうか。実は、そのクラックの状態によっても処理方法が異なるので注意が必要です。

・モルタル塗り部分

コンクリートは、表面的には平らな上に仕上げ塗装などがしてあるように見えますが、実際にはコンクリート打設された後の表面の凹凸部を平滑にするために、モルタルなどが塗られています。その接着部が剥離すると、表面的にはクラックとなり、雨水が躯体にしみ込みます。

・開口部周り

窓開口周りに入るクラックは、建物自重や地震の揺れなどによる影響で、左右上下に建物が受ける圧力により発生するせん断クラックです。特徴としては、開口部角からナナメ方向に発生します。

このせん断クラックは、梁の端部などにも発生しますが、外壁の窓周りに入るクラックは窓サッシで受けた雨水が流れ込むので、雨漏りの原因となる可能性があります。

・かぶり不足

かぶりとは、鉄筋外側から外壁までの間隔で、鉄筋から外部までの コンクリートの厚みになります。このかぶりの厚さは、建築基準法で明確に決められており、壁と床スラブが30㎜以上、柱と梁が40㎜以上となっています。打放しの場合（外壁にタイル貼りは モルタル塗りがない場合）は、さらに＋20㎜となっています。

このかぶり寸法が不足すると、その部分にクラックが発生し、雨水の侵入により鉄筋がさびて躯体の劣化を起こします。

かぶり不足は、新築施工の問題なので、修繕工事でその寸法を変えることはできませんが、鉄筋が見える明らかなかぶり不足がある場合には、樹脂モルタル塗りなどで補強するとよいでしょう。

クラックが発生するとどうなるのか

クラックの種類には、次の３つがあります。

・ヘアークラック：表面的なクラック
・構造クラック：壁内部まで深いクラック
・モルタル塗り部のクラック

ヘアークラックは、鉄筋コンクリートが乾燥していく段階で自然に発生します。一般的には、０・３㎜以下程度の巾で深さも浅いので、特に躯体に与える影響はなく、塗装の塗りえの際に塗膜でカバーできるので心配ありません。

構造クラックは、躯体そのものの影響で発生しています。例えば、地震による揺れや構造的に歪みが出る箇所などに入り、０・３㎜を超える巾で、深さも壁内部まで割れているケースがほとんどです。外壁に入っているクラックと同じ箇所に内部側にもクラックが発生しています。これは、雨水がしみ込むとダイレクトに室内の仕上げ建材まで入ることを意味します。

また、構造クラックは、表面的な処理をするだけでなく、繰返し動くことを前提に、揺れによる影響を吸収する処理が必要になります。

モルタル塗り部分のクラックについては、クラックが発生している箇所は必ず下地コンクリートから剥離し浮いている状態になっています。そのため、表面的な処理だけではその接着力を回復することはできないので、特殊な工法でモルタルの剥離を防ぐ必要があります。

一般的には、「ステンレスピン併用＋エポキシ樹脂注入工法」で対応します。この工法は、浮きモルタル部分に適正な間隔に7㎜程度の穴を開けて、エポキシ樹脂を注入後にステンレスピンを挿入して躯体とモルタルを一体化する工法です。

他にも、状態によって様々な処理方法がありますので、クラックの発生している原因や状態を適正に判断し、対処することが大切です。

8 コールドジョイント

コンクリート打設時の時間差がコールドジョイントになる

建物には様々な継ぎ目があり、その継ぎ目が雨漏りの原因となることがあります。

建物構造の種類によっても違いがありますが、表面の仕上げ建材の継ぎ目と建物構造体の継ぎ目に分けられます。鉄筋コンクリート構造の場合は、構造体に継ぎ目があります。一般的に知られている各階ごとの打継ぎは、コンクリートの打設日が違う各階ごとに約2～3週間程度の期間があります。

施工上、鉄筋コンクリート建物は、各階を別々に造るので構造的には何ら問題ありませんが、防水性能としては適正な防水処理が必要になります。

また、コンクリート打設では、当日の間で打込みの時間を分けて作業を進めるので、コンクリー

【図表17　雨水で鉄筋がさびる】

トが半固まり状態で打ち継がれています。

コンクリート打込みは、階高3m程度の型枠内に上階のスラブ（床）からコンクリートを枠内部に流し込みます。流込みの手順としては、初めに根元周りの壁の3分の1程度の高さまでを全体的に流し込み、打込み始めから2~3時間程度経ってから、2回目の打込みを壁の3分の2程度の高さの梁下まで全体を打ち込みます。

さらに、ある程度の時間経過後に、梁内とスラブまで打ち込み、躯体のコンクリート打込みが完了します。この1日のコンクリート打設の間でできる継ぎ目を、コールドジョイントといいます。すべてのコールドジョイントで防水性能が低いわけではありませんが、時間経過が長く、次のコンクリート打込み時に十分な振動を加えることができないという2つの悪条件が重なると、目に見えない隙間が発生します。

建物が完成するとコールドジョイントは見えなくなる

コールドジョイントは、建物が完成すると表面的には全く見えなくなるので、各階の打継ぎ目地のように明確な防水処理などが行われていません。

コールドジョイントは、コンクリート打込み時に適正な処理を行えば雨漏りの危険性はありませんが、突き固めが甘く隙間や密着不良を起こしていると、建物の経年劣化に伴い雨漏りを起こす危険性があります。

本来は入らないような箇所にクラックが発生したり、継ぎ目があるようであれば、コールドジョイントの可能性もありますので、外壁修繕をする際にUカットシーリングなどのクラック処理をすることをおすすめします。

建物は、複雑な形をしているので、窓開口や階段やベランダ手すりなど、型枠を組み立てる段階でも、型枠中間で開口を開けなければコンクリートを打込むことができない箇所もあります。

開口になっている部分は、コンクリートがある程度固まって、圧力をかけても噴出しない安定した形になってから上部コンクリートの打込み作業に入るので、時間差が発生し、目に見えないコールドジョイントとなっています。

理想的には最下部から最上部まで一気にコンクリートを打ち込めば発生しないので、後々の経年による漏水の危険性は少なくなりますが、実際の現場では型枠の締固めや固定強度の関係でとても難しいでしょう。

第5章　屋上防水修繕の必要性

1　屋上防水は12年程度のサイクルで修繕工事が必要

自然環境の影響を最も受ける屋上防水

屋上防水が建物外部の面と最も違う点は、水平面で雨や太陽の熱や紫外線の影響を多く受けることにあります。そして、屋上から1滴でも水分が侵入すれば、地球の重力に従い居室である下へと流れていきます。ということは、屋根の防水性に関していうと、見た目の状況に関係なく、防水性能に妥協は許されないということになります。

屋根防水は、自然環境下の風雨から私たちの生活を守ってくれています。防水性能が劣化すると、今まで気にもしなかった屋根の状態といきなり向き合わなければなりません。

そこで気づくのが、屋根の防水修繕が簡単ではないということと、万が一雨漏りが発生すると、突然に修繕という大きな課題が現れるので、気持ちの準備がなかったことの対応への不安です。

この章では、屋上防水の必要性について、一般的にはあまり知られていない実際に発生する不具合の原因や、工事会社ももしかすると間違えているかもしれない重要なことをわかりやすく説明します。

鉄筋コンクリート建物や鉄骨建物の屋上は防水層だけに頼っている

一般的には、築12年というサイクルが一定の基準とされていますが、私の考えでは10年を経過したら極力早い段階で防水修繕をすることをおすすめしています。

その理由として、12年という期間は防水寿命の期間になるので、既存防水層の劣化が進行したその前の段階で防水修繕をすべきだからです。さらに、防水機能に関しても、陸屋根以外の箇所は、次のようにすべて2重構造となっています。

・木造外壁：防水シート＋サイディングやモルタル
・窓サッシ：モルタル防水や防水テープ＋シーリング
・傾斜屋根：防水シート＋屋根材

ところが、鉄筋コンクリート建物や鉄骨建物の屋上に関しては防水層のみです。その防水層が劣化し防水機能が低下すると即雨漏りとなります。

屋上防水には様々な種類と工法がある

新築時の防水仕様がアスファルト防水＋押えコンクリート工法の場合は、保護コンクリートが表層にあり、実際の防水層の状態を目視で確認することはできません。

この保護押えコンクリートは防水材ではありませんが、アスファルト防水層を太陽の熱紫外線と、歩行や作業時の衝撃から保護する目的を持っています。

修繕工事では、押えコンクリートの上に下地処理、その上に防水工事を行います。そのため、下地の目地やコンクリートの影響を受けやすく、細心の注意が必要になります。

屋上防水工法の種類と違いとしては、大きく分けると、シート系を貼る、液状を塗る、シート系と液状の両方を組み合わせる（ものアスファルト防水）があります。

シート防水では、張合わせ部の接着機能が低下したり、下地との密着性能が失われたりした段階で防水機能がなくなります。シート防水は、露出工法とする場合が多く、防水層の状態を目視で確認できることも特徴です。耐用年数としては、13〜15年が一般的で、経年により劣化したシート防水を撤去してから、新たに防水工事を行います。

また、近年とても多く利用されている防水修繕の工法としてウレタン塗膜防水があります。ウレタン塗膜防水は、メンテナンス性に優れているので防水修繕に多く利用されるようになりました。特徴としては、施工時は液状のウレタン材を塗ることによりシームレスで継ぎ目のない防水層を成形することができるので、屋上の形状が複雑な建物や、設備機器類の架台などの障害物が多い建物などに適しています。

さらに、適正な下地処理をした上に施工をすることで、次回は防水層を撤去することなく既存防水層の上に塗り増すことができるので、経済的にもよいでしょう。

防水層の保護をするトップコートの種類による耐久性の違い

防水修繕工事でよく利用される塗膜型防水は、防水表層にトップコートというコーティングを行います。

トップコートにも次のように耐久性や性能に違いがあり、防水材の耐久性に関係します。

・アクリルトップコート（耐久性５年）：５年ごとのトップコート塗替えが必要
・シリコントップコート（耐久性８年）：８年ごとのトップコート塗替えが必要
・フッ素トップコート（耐久性10年）：10年間メンテナンスフリー
・アクリルサーモトップコート（耐久性５年＋遮熱）：５年ごとのトップコート塗替えが必要
・フッ素サーモトップコート（耐久性10年＋遮熱）：10年間メンテナンスフリー

おすすめは、「フッ素サーモトップコート」で高耐久＋遮熱機能があります。トップコートに遮熱機能があることで、下地内部のアスファルト防水の温度の上昇による伸び縮みが少なく、防水層の劣化を最小限にすることができます。押えコンクリートの動きも最小限にることができるので、修繕の防水層への影響が限りなく少なく、防水層も長持ちします。

防水修繕の工法を選ぶポイント

屋上防水修繕は、工法の違いによって、全面撤去を必要とする場合と押えコンクリートの上から改修工事を行う２とおりの方法がありますが、防水修繕は外壁修繕と違い、多くの選択肢から自由に選ぶというよりも、現在使用されている素材や工法などから、ある程度適している工法に絞られてきます。

そして、修繕工法の選択ミスをすると、工事費用に見合わないどころか雨漏りが治らないという場合もあるので、素材と工法選びは慎重に行うことが大切です。また、実際の防水素材と耐用年数は10年前後のため、建物寿命より短いのが一般的なので、定期の防水メンテナンスを行うことを前提に工法を検討する必要があります。

つまり、次回にメンテナンスをする時期やタイミングを知った上で、次回の防水修繕の施工性も考えた工法を選ぶことが重要です。

2　改修用ドレンを入れる必要性と考え方

防水修繕工事の改修用ドレンの役割は

屋上防水の最終の集水部分にある黒い格子状のカバーが付いた雨集水口がルーフドレンです。形状（タテ型、ヨコ型）、穴径（50～150φ）、材質（鋳物）、防水素材や工法の違いがあります。

ルーフドレンは、防水材と雨どいをつなぐ部材で、水平面で流れてきた雨水を集水し縦どいへと流す役割があります。屋上防水面で受けた雨水は、すべてこのルーフドレンに流れつくので、防水材が正常でもルーフドレンが劣化すると雨漏りしてしまう可能性があります。材質が鉄製鋳物でできているので、長期的にはさびによる劣化が起こります。

ルーフドレンには、防水層＋ルーフドレン＋雨どいの３つの部材が接続されていて、新しいときはしっかりと密着していますが、ルーフドレンがさびるとその接続部がはがれ、防水性能が低下して雨漏りの原因となります。平面部分の防水をしっかり施工しても、防水の端末やルーフドレンをおろそかにすれば、信頼性の低い防水修繕になってしまいます。

そこで、劣化したルーフドレン部分を完全に覆いかぶしてしまうのが、「改修用ドレン」の役割になり、防水修繕とヤットで考えることが大切です。既存防水層のルーフドレン周辺からの雨漏りが多いからです。

改修用ドレンは必要不可欠な部材

防水修繕の際には、既存のドレン上に改修用ドレンを取り付けてから防水施工を行います。その取付け設置方法を誤ると防水層の浮きや剥離の原因にもなるので、防水メーカーの取付け仕様に沿って設置する必要があります。

まず設置する前に、既存ドレンと改修ドレンの口径が適正な物を選ばなければいけません。設置の際に、口径に余裕があったほうが穴に入れやすいので、施工をする側としては穴径にかなり余裕あるサイズを選びがちですが、口径が小さくなると集水量が少なくなります。

実際にサイズを決める際には、現在の配管内径を測り、10～20㎜程度の小さい口径を選ぶことになりますが、ドレン外部に繋げられている雨どい形状により、差入れの可能なサイズとする必要があります。

また、設置する前のもう1つの注意として、既存ドレンの現在の状態があります。立上り面や床面との段差が少なからずあれば、そのままの状態の上に設置しても、空間ができたりして完全に接着することができません。

正しい方法としては、設置前に段差部をならし、モルタルで埋めて、改修用ドレンの鉛プレートがなじむような形状に整えてから設置することです。

さらに重要な点として、既存防水が露出タイプのシート防水などの場合、シート撤去に伴い既存ドレンのストレーナー（ドレンに枯れ葉などが流れ込まないための格子状の囲い）だけではなく、押えプレート（ドレン部のシート端末がはがれないよう固定するプレート金物）の撤去も必要になります。

押えプレートも５㎜程度の厚みがあるので、そのままの上に改修用ドレンを設置して防水工事をするとその厚み分勾配が少なくなり、ドレン周辺の勾配が少なくなってしまうため、水たまりができる可能性があるからです。

まれに、全体の防水修繕をせずに改修用ドレンの設置のみを希望される方もおられますが、防水修繕とセットになるので、改修用ドレンのみの設置は無意味となります。

3　一時的な雨漏りの危険性

建物の雨漏りが一時的に止まって様子を見ることの危険性について

建物は、経年に伴い、使用されている建材類が劣化し老朽化します。それは、建物が雨漏りをする原因の1つとなっています。

建物の屋根や外装を修繕する時期タイミングは人それぞれですが、築後ある程度の時期が来たら絶対に必要になることは皆さんよく知っているとおりです。

では、実際に屋根や外装の修繕をいつするのか、その判断基準が問題となります。

①　雨漏りなどの症状は発見できないが、時期的にはそろそろで少し早めな時期。
②　雨漏りなどの症状は発見できないが、時期的にすでに過ぎており遅めな時期。
③　雨漏りが過去に発生した箇所があるが、しばらく様子を見ていたら雨漏りが止まった。
④　雨漏りが現在発生しており、雨が降る度にすぐにでも対処修繕工事をしたい。
⑤　雨漏りが発生してからかなりの年数が経過しており、すでに手遅れ状態。

これらの5つの状態は、実際に屋根や外装の修繕を必要としている多くの建物の状態です。

では、どの状態で防水修繕工事を検討し対処することが正しいのでしょうか。

答えは、①の「雨漏りなどの症状は発見できないが、時期的にはそろそろで少し早めな時期」になります。時期タイミングを逃すと、費用が高くなるだけでなく、建物の老朽化を早めてしまい、建物寿命にも影響があるからです。

では、上記の5つの中で一番危険な状態とはどれでしょうか。④と⑤は、すでに雨漏り状況が悪化しているのでいうまでもなく必要性がわかっています。

実は、③の「雨漏りが一時的に止まったので様子を見る」ことが、かなり危険な状態なのです。

1度雨漏りが発生した建物は、自然に雨漏りが直ることはありません。

一時的に止まったように感じることはありますが、それは表面的に見えていないだけの「見えない雨漏り」を起こしているのがほとんどで、時間が経過し再度雨漏りしたときには⑤の状態になりかねません。

雨漏りは自然に直ることはない

防水修繕や外壁修繕の相談をされる方々から、以前に一時的に雨漏りしたが今は止まっているという話をよく聞きます。大体のケースが、雨が多い梅雨の時期や台風などで発見して驚いたが、それ以外の時期は雨漏りしていないので特に修繕の対処をしていないという内容です。

ところが、建物を調査すると、一時的に雨漏りが止まったように勘違いをしているだけで、実際には雨がしみ込み壁内部の断熱材や木材などが腐食しています。継続して雨水を壁内部で吸収していたということです。

これは、木造建物に限らず、鉄筋コンクリート建物や鉄骨ALC建物も同様で、壁内部の鉄筋や鉄骨が雨水によりさびると膨張し、侵入した雨水が躯体内部を通りにくくなるので、一時的に止まったと勘違いをしていることになります。

実際に壁内部の鉄筋や鉄骨のさびが進行し、建物の構造躯体の修復工事を併せて対処しなければいけない状態まで進行しているケースもあります。当初の発見の時点で行う場合と比較すると、大がかりで高額な修繕工事になる場合もあります。

ほとんどの所有者が、初回の雨漏りを発見したときにすぐ修繕工事をすべきであったと後悔されている現状があります。

4　屋上防水修繕の間違った工事と正しい工事

防水修繕工事はつい安価な工法を選択したくなるが

初回で工法や材料の選択を間違えると、その後継続的に不要な補修工事が発生するだけでなく、最終的には防水本来の寿命も短くなり、再工事を行うことになります。また、再工事の際にも、誤った工法で行った防水材料をすべて撤去し、下地の処理から工事を行わなければなりません。

・改修工事後の繰返しの補修工事費用
・誤った工法で行った防水層の全面撤去費用
・下地処理も含む再防水工事費用

これらの費用は、正しい工法選択をしていれば発生しなかったはずです。本来であれば、無駄な費用をかけることなく、５年～10年ごとのメンテナンス防水工事で対応できたでしょう。実際に、このような経過を辿った建物を見ると、費用だけではなく、所有者や住民の方の精神的な苦労があることもわかりました。

長持ちする屋上防水でも修繕は必要

鉄筋コンクリート構造建物は、新築時の屋上防水工法の多くにアスファルト防水押え工法が採用されています。このアスファルト防水押え工法は、15～20年の長期の耐久年数ですが、防水層の経年劣化に伴い必ず防水修繕工事が必要になります。

アスファルト押え工法の場合は、新築時の防水層が押えコンクリートの下にあるので、その防水層を直接メンテナンスすることはできません。そのため、内部の新築時の防水層はそのままの状態で、表層の押えコンクリート上に新たな防水施工を行います。

仮に雨漏りをしている場合でも同様です。そのため、上部に施工する新規の防水は、完全な水密性を確保する機能も持ちつつ、内部の水分を放出できる構造にする必要があります。

鉄筋コンクリート建物は初回メンテナンス防水工事の選択が重要

以前、初回防水修繕を築後20年で行った築40年の分譲マンションの調査をしました。水下部の剥離や膨らみが初回の修繕後に発生し、定期的に補修工事を繰り返している状態で、今後も補修工事で維持管理をする予定でした。

管理人にこれまでの状況を伺うと、脱気筒（水分を逃がす通気口）の設置もしてあるから大丈夫だと、初回工事について何の疑問を持っていない様子でした。

ところが、実際に現場で剥離している防水層をはがすと、初回修繕の防水工法が空気の流通性のない密着工法で行われており、脱気筒が全く機能していない状況でした。つまりは、工法の選択ミスをしていたということです。プロに工事を頼んだはずなのになぜ、という疑問だけが残りました。

通気緩衝工法で行うべきところを密着工法で工事をしてしまった場合の対処方法としては、部分的な補修を繰り返して行うか、全面的に再度防水改修を行ったほうがよいのか迷うところかと思います。防水層表面に異常がなければ問題はありませんが、膨らみや亀裂が出るようであれば、すぐにでも工事をする必要があります。そのまま放置しておけば、後に防水層が切れて内部に雨水が入り、防水機能を失うことになるからです。

補修方法としては、膨らみの出ているある程度広い範囲の防水層を撤去して、密着工法から通気緩衝工法に替えます。その際に、所定の間隔で脱気筒を入れることも重要です。

よくある間違いとして、膨らみの出ている箇所ごとに脱気筒を部分的に入れる補修工事をされている場合がありますが、これは全くの無意味な工事です。膨らみが広範囲に広がっているようであれば、全面的に撤去して新たな防水工事をすることが必要になります。

5　露出防水の修繕工事

防水修繕方法の種類と考え方について

新築時の屋上防水のタイプとしては、露出防水工法と保護押えコンクリート工法の２とおりがあります。

どちらもそれぞれメリットとデメリットがあり、新築時の設計者が意図をもって仕様を決めています。

・保護押えコンクリート工法

アスファルト防水押え工法として、防水層の上に厚さ80㎜程度のコンクリートが打設され、太陽の紫外線や熱による劣化を防いでいます。

この工法は、鉄筋コンクリート建物で多く利用されており、耐久性も15～20年で長いという利点があります。

ただし、改修工事を行う際には、保護コンクリートの上に伸縮目地の処理をしてから、露出タイプの防水改修をする必要があります。

・露出防水

露出防水の種類としては、アスファルト、シート、塗膜系のいずれかの工法となり、建物構造や規模により設計者が仕様を決定しています。

特徴としては、押えコンクリートを打たないので、建物重量が軽くなり、建物構造施工のコスト軽減になります。

また、建物上部が軽いので、地震の揺れ軽減に対しても有効と考えられています。

修繕工事の方法としては、全面撤去の方法と重ね貼り（オーバーレイ）の方法の2通りの方法があります。

工法の基本は国土交通省監修の公共建築改修工事標準仕様書に準じる

公共建築改修工事標準仕様書には、「新築時の防水仕様の種類」「防水層の撤去非撤去」「改修工事防水仕様」が定められており、各防水材料メーカーもこの基本仕様に準じて、防水工法や仕様を決定し販売をしています。

ただし、これらの仕様はあくまで基本仕様となるので、実際の防水層の経過年数や劣化状態に応じて撤去または非撤去の判断をする必要がありますが、この判断には明確な基準がありません。つまり、設計者や施工者の判断になるのです。

そのため、露出防水の改修では、現場の状態を正確に判断して撤去・非撤去を決定する必要があり、そのどちらの仕様にするかで工事費用と耐久年数にも違いが現れます。

露出防水改修方法の種類と考え方について

露出防水改修の持ちは、材料種類の違いにもよりますが、13〜15年とメーカーカタログに記載されています。いわゆる防水材の寿命です。

寿命が限界の場合とまだ初期段階の場合などある程度幅があり、実はこのどちらの時期に防水修繕をするかによって対応が大きく変わってきます。

これから説明する内容は、10～12年前後と割と早い段階での改修工事に該当します。

6　防水修繕の下地処理

屋上の防水修繕工事をする際の下地の状態のチェックとは

修繕工事では、既存下地の種類や工法の違い、下地の劣化状況などによってそれぞれの下地処理があります。

・乾燥状態

乾燥が完全でないと、防水材の接着不良や浮きやはく離の原因となり、結果的に防水が長持ちしません。

下地の水分のチェックには、木材の水分量を測る含水率計などは利用できません。専用の水分計で10％以下であることが目安です。その他にも、下地表面にビニールの四方をテープで固定し、内部に付く水滴で判断をする方法もあります。

・下地コンクリートのひび割れ

コンクリート表面のひび割れは、軽微なもので1㎜未満のヘアークラックと、1㎜以上の動きがある構造クラックがあります。

クラックが入る原因は様々ありますが、防水層に影響を与える可能性がある1㎜以上の構造クラックは、Ｕカットをしてウレタンシーリング処理をする必要があります。

また、コンクリートの打継ぎ目で発生するコールドジョイントなどは、Ｕカットした上でエポキシ樹脂製モルタルなどで平らに補修をします。

・不陸の不良

下地面に凹凸がある場合は、樹脂系モルタルで不陸調整を行います。不陸が悪いとウレタン防水仕上面に凹凸が発生しないよう平滑に塗ることで、くぼみ部にウレタン材が厚く塗られることとなり、他の箇所の塗布塗膜厚さが足りなくなることもあります。

仮に下地に凹凸がある状態にもかかわらず均一な厚みで塗れば、防水仕上面にそのまま凹凸がある状態に仕上がってしまうので、下地の状態で凹凸を事前に埋める処理が必要です。

・全体勾配

一般的な陸屋根では、最低で１００分の１の勾配を取るように造られています。この基本勾配は、新築時に決められていますが、改修工事の際に勾配があるかを確認する必要があります。

勾配が足りない場合には、勾配モルタルを全体に塗って不陸勾配の調整を行います。

・伸縮目地処理

既存防水が押えコンクリート工法の場合に、伸縮目地材の撤去をして、バックアップ材を入れて、ウレタンシーリングを充填して、さらに補強クロステープ貼りをします。

補強クロステープ貼りは、下地の押えコンクリートが動いた際に、目地サイドのコンクリート角が防水層に衝撃を与え亀裂が入るのを防ぐ目的で入れます。

補強クロステープ貼りは、密着工法、通気緩衝工法どちらを採用した場合であっても行う必要があります。

・ルーフドレン

既存の鉄鋳物製ルーフドレンは、経年劣化によりさびていることがほとんどなので、防水修繕工事をする前に、既存ルーフドレンのストレーナーを外して、さび落としをして、さび止め処理を行ってから改修用ドレンの設置をします。

改修用ドレンを設置することで受流し口と防水層が一体化し、さびたドレンの接続部からの雨漏りのリスクをなくします。

また、改修用ドレンの設置には、専用のエポキシ変成ウレタン樹脂系接着材またはシーリング系接着材を使用します。

接着機能は、防水保証期間と同じ10年以上の耐久性が必要となるので、プライマーを塗ってから専用ボンドで接着することが大切です。

・季節性

防水材は、2成分形タイプで、工事をする時期の気温によって「硬化促進タイプ」と「標準タイプ」が用意されており、施工時の気温により使い分けます。

10℃以下の場合は、硬化促進タイプを使います。10～30℃の場合には、標準タイプを使います。

湿度が90％以上の場合には、接着不良や膨れを起こす場合があるので施工は行いません。

また、防水材の硬化は、表面から内部に浸透するので翌日には表面硬化していますが、内部まで硬化していないので重量物を置いたりすることを避けましょう。

膨らみなどの異変現象の３つの原因

膨らみなどの異変現象には、主に次の３つの原因が考えられます。

・原因その１：新築時の防水仕様がアスファルト防水の押え工法で、改修防水層内部の水分を通気することができない密着工法で施工している。
・原因その２：以前行った防水修繕工法が密着工法で、新規防水修繕に通気緩衝工法を行ったが、下地の古い防水層の通気処理がされずに膨れる。
・原因その３：防水修繕工事で通気緩衝工法を行っているが、手すり基礎や立上がりの密着工法防水周辺から雨水の侵入により膨れる。

他にも現場の状況により様々な原因がありますが、膨れが発生している原因の９割は、以上の３つといってもよいでしょう。

また、防水工事の保証には、下地からの影響によることを免責事項としている場合がありますが、仕上げ防水層は下地からの影響を多く受けるので、防水の工法選択は建物に詳しい専門家に相談することをおすすめします。

すべての防水修繕が塗重ね工法でできるわけではない

ウレタン防水は、正しく下地防水層の脆弱部補修等の下地処理を行えば、塗り重ねるメンテナンスができるという利点がありますが、中には次のように別の処理が必要になる建物もあります。

・その1：初回の防水修繕工事の下地処理が適正に行われておらず、下地の目地や押えコンクリート表面の処理を必要とする場合。

・その2：本来の防水修繕の時期が大幅に遅れ、塗重ねができない状態まで前回防水層が劣化している場合。

・その3：初回の防水工法の選択ミスで通気緩衝工法としなければならないところを、密着工法としている場合。

前述の事例で注意が必要なことは、防水修繕をする時点では防水層表面に何も異変が現れていないということです。防水修繕工事をする場合、下地防水の状態がよくてもすでに寿命であるという認識が必要となります。

7　ウレタン防水の塗膜厚さ

ウレタン防水の塗膜厚さの基本

屋根防水の修繕工事で多く利用されているウレタン防水は、塗膜型で液体状の防水材料を塗ることによりゴム状の一体となった層が成形され防水材となります。

施工が容易なことから、防水専門業者以外の塗装工事や左官工事の人でも簡単に防水工事を行うことができるという特徴があります。ただし、施工が簡単で誰にでも扱えるために、本来の品質や性能が確保されずに工事がされてしまう事例もあります。

ウレタン防水材料の基本的な施工方法や手順については、メーカー仕様として決められていますが、それらの工事品質は職人によりかなりの差が現れます。その基本的な重要事項の１つとしてあげられるのが塗膜厚さです。

通常、ウレタン防水主材は、２回に分けて塗ってから、さらにトップコートを塗って仕上げますが、防水性能に一番関係が深いのがウレタン主材の塗膜厚さなのです。

通常の歩行仕様では、平場立上がりともに２㎜厚さが標準とされています。この２㎜の塗膜厚さを確保し適正なメンテナンスをすることで、10年間の防水性能を維持することができるのです。

実際の陸屋根の施工現場では様々な形状の箇所や部位がある

すべてを均一に２㎜塗膜厚さを確保して塗ることはとても難しく、場所によっては半分の１㎜にも満たない施工をされている建物を見ることがあります。箇所としては、立上がり部分で、平場に比べると施工が難しいとされています。通常、立上がり部は垂直面のため、平場のレベリングタイプとは別にパテ状の材料を使うよう、メーカーカタログには材種分けがされています。

ところが、実際のウレタン防水施工現場を見ると、立上がり専用材料のみを使用しているところがとても少ないように思われます。

結果として、塗膜厚さが確保されず、本来の耐久年数に満たない期間に防水性能を失い、雨漏りなどの原因となっています。

同じウレタン防水工法でも施工性と耐久性に違いがある

鉄筋コンクリートや鉄骨建物の屋上防水修繕工事で多く利用されているウレタン防水材料は、様々なメーカーから販売されています。メーカーごとに特徴があるので、それらの違いを判断した上で選ぶとよいでしょう。

ウレタン主材については、どのメーカーの材料もさほど変わりはありませんが、下地との相性に関係する通気緩衝シートや、防水層の保護をするトップコートに様々な違いがあります。

通気緩衝シートは、通気マットというシート接着面に通気ルートが取れているシートを直接貼るものと、穴あきフェルトシートを敷いてからウレタン主材を塗る工法の2種類があります。これらは、施工性や耐久性などに違いと特徴があり、それぞれのメリット・デメリットがありますので、その特徴をよく理解して選ぶことが重要です。

防水保証期間の10年前後に行う修繕工事のコストや施工性についても考慮する必要があります。

ウレタン防水は、施工がしやすいということで、多くの建物の修繕防水工事で利用されていますが、簡単だからこそ、適正な塗膜厚さを確保し、施工品質を保った工事が課題となっているのです。

8　防水層の貫通孔

何度も修繕工事をしている建物の欠点とは

鉄筋コンクリートや鉄骨建物の屋上防水層の形状は、建物の条件により様々です。屋上には設備機器や給水タンクが設置されていたり、屋上に上がるための塔屋があったりします。

【図表18　ドレン断面図】

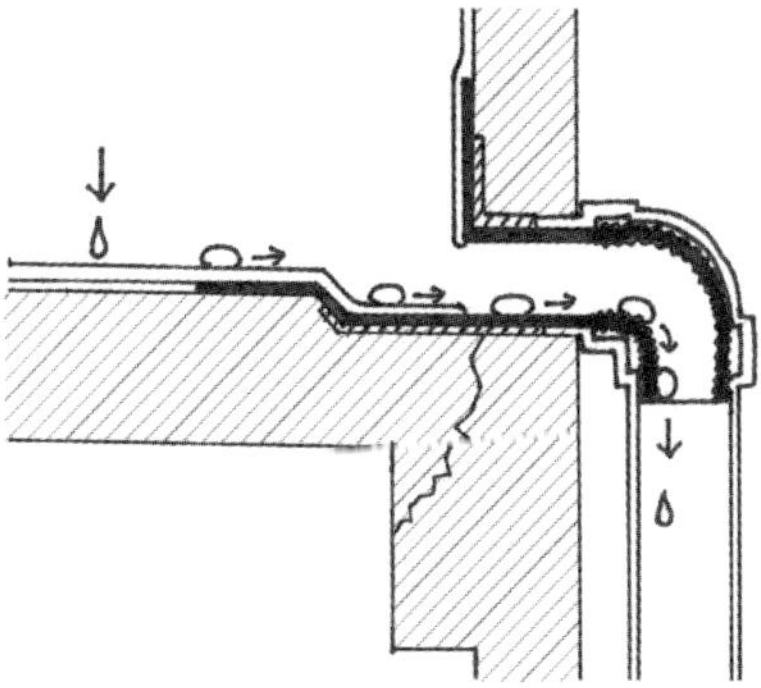

屋上の防水層は、平場と立上がり部からなり、プールのような状態の形の中で雨水を受け、ルーフドレン、雨どいへと雨水を流し、排水をする構造となっています。古くなると防水層の経年劣化により雨漏りする建物があります。

これらの建物の条件は大きく分けると、「まったく防水修繕をしていない」「何度か防水修繕をしている」のどちらかですが、前者は当然の結果でしょう。

ところが、「何度も防水修繕をしている」にもかかわらず雨漏りしているという建物の場合、どうしてだろうと思われる方がほとんどだと思います。実は、このように何度も防水修繕をしている建物には大きな欠点があります。

それは、屋上防水の基本部位である平場と立上がり部の防水はしっかり施工しているけれども、関連する他の取合い部の処理が完全に行われていないという点です。例えば、建物内部に貫通している給水配管などもその1つです。

給水配管は冬季の凍結を防ぐために配管に保温処理がしてある

給水配管に使用する保温材料は、スチロールまたは石綿など空気分を多く含む素材でできており、その外側を包帯テープやラッキング（板金）でカバーしてあります。

ところが、この保温処理された状態の配管が壁や防水層を貫通すると、貫通部周りでは防水処理がしっかりとされていても、それ以外の配管部分で、保温材内部の空間から簡単に雨水が建物内に侵入してしまうのです。

表面には隙間もなく、配管と壁の付根周りの防水処理がしっかりとしてあるように見えます。この現象は意外に知られていませんが、雨漏りの原因としてはとても多い現象です。

防水層にあいている様々な開口や穴の処理方法について

建物が雨漏りする原因は、単に平らな防水面の劣化や亀裂だけではありません。配管類の貫通穴や立上がりなどの端末部も、雨漏り原因としては多い箇所となります。

防水層には様々な穴や隙間があります。このような穴や開口部には直接雨水があたらないように笠木を付けたり、端末シールを打ったりするなどの適正な処理をすることで、防水層の防水性能を高めることができます。

また、端末部のアルミ笠木内部も、１度アルミ笠木を取り外してパラペット天端まで防水修繕をすることで、強風雨によりアルミ笹木内部へ雨の吹込みがあっても雨漏りを防ぐことができます。

忘れてはいけない部分が「塔屋」

塔屋は、屋上に上がる昇降目的の階段室で、大きさとしては縦横２ｍ×３ｍ程度はありますが、塔屋周辺の立上がり端部に関しては、押え保護モルタルだけを塗ってあるだけなど、端末部に直接雨がかかる状態になっている場合も少なくありません。

また、塔屋は、防水端末だけではなく、壁そのものが開口部の一部であると考える必要もあり、塔屋外壁に設置されている照明器具やコンセントまたは給水配管類も同様に、その付根の防水処理をシーリングなどでしっかりと行う必要があります。

特に、外部設置用の照明やコンセントなどの機器は、防水性パッキンにより雨水が入らないようつくられてはいますが、この防水パッキンも4～5年で劣化し防水性がなくなります。

そのため、防水修繕工事をする際には、これらの機器の交換をするか、周囲にシーリングをすることが大切です。仮に機器から内部に雨水が入ると、電気配管内を雨水が通って簡単にスラブ内を通過し、下階天井に雨漏りを起こすことになるからです。

9 防水修繕後のメンテナンスと2回目の防水修繕の注意点

防水修繕後のメンテナンス時期は定期点検と経過年数から判断

ウレタン防水のトップコートには、アクリル系トップコートとフッ素系トップコートがあり、アクリル系は5年後には塗替えのメンテナンスが必要となります。フッ素トップコートは耐久性が強いので10年間のメンテナンスフリーとなっています。

けれども、フッ素トップコート仕様だからといって、10年間全く点検もいらないということではありません。

例えば、ドレン周辺に土ぼこりが堆積し、常にその周辺に水たまりがある状態だと、いくらフッ素トップコートでも劣化を早めてしまいウレタン防水層自体がダメになってしまうこともあります。

この土ぼこりによる堆積は、舞上がりの少ない高層建物よりも低層建物のほうが多いので、3～5階程度の低層建物の屋上では定期的な清掃をぜひ行ってください。たまった土の清掃をするだけでも防水層を長持ちさせることができるのと、ちょっとした異変にもすぐに気づけて対処が早くなり、建物に与えるダメージが少なくなるからです。

10年目のメンテナンスではウレタン防水材から塗り直す必要がある

フッ素トップコートを塗ったから10年後のメンテナンスは同様にトップコートだけを塗ればよいと思われている方もいますが、ウレタン防水材自体の寿命も10～12年程度となります。ただし、それも初回の防水修繕を適正に行っていればの話で、誤った工法で施工されていた場合は、すべて新規に防水修繕をする必要があり、費用も多くかかってしまいます。

初回の防水修繕で少しでも安く済ませようと手を抜くと、結局後で高くつくことになります。その初回工事で重要となるのが、押えコンクリートと防水層の下地密着や、伸縮目地がある場合の目地処理方法になります。

また、工法の選択ミスにより防水層に膨れや亀裂が入っている場合も、既存防水層を撤去して、新たに正しい工法で防水修繕をする必要があります。

2回目以降の防水修繕をする建物の半約数で初回の修繕工法に誤りがある

防水修繕が2回目の建物では、私の経験上約半数で初回の修繕工法に誤りがあります。また、残り半分の適正な工事をしている建物でも、初回修繕完了からの期間が長く、次の修繕の時期がとっくに過ぎて状態が悪化しているケースがあります。

結果的には、初回の防水修繕が適正に行われ、２回目の修繕の時期も適正に行われている建物が意外と少ないということがわかります。

そのため、2回目以降の工事では、初回工事の不備も併せて修復し、新規の防水層に影響が出ないようにする必要があります。

防水修繕工事では、基本的な防水工事と、建物と取り合う箇所との関係工事があります。雨漏りなど不具合が発生しているかなりの建物で、実はその取合い部に原因が多く発生しています。

10 密着工法と通気緩衝工法（絶縁工法）の用途の違い

ウレタン防水工法は2つの種類がある

ウレタン防水工法には、次の2つの種類があります。

① 密着工法：防水層を下地と完全密着させる工法

② 通気緩衝工法（絶縁工法）：防水層を下地と半密着させる工法

①の密着工法は、下地との完全密着により防水性能を保つことはわかりやすいと思いますが、②の通気緩衝工法については、密着性が重要でありながらわざわざ半密着とする目的があります。下地と防水層間に空気層を強制的に設けることで、下地内の水分を通気流通させ、脱気筒を通じて外部に換気する役割のためです。新築時の防水が押え工法の場合や、下地に水分が含まれている場合は通気緩衝工法とする必要があります。

換気機能の必要性は、仮に下地内の水分換気がされない状態で防水層内部の水分がそのままの状態になると、その水分の影響により下地と防水層が剥離し、浮きやはがれが発生してしまうので、そういった防水層の裏側からの湿気による悪影響で劣化を早めてしまうのを防ぐことにあります。

また、防水修繕では、下地の押えコンクリートの目地やクラックの伸縮が修繕防水層の亀裂や割れ発生の原因となる可能性があるので、その影響を受けないようにする目的もあります。

ところが、防水修繕工事の現地調査をすると、密着工法に脱気筒のみを設置しているケースを見ることがあります。施工会社の勝手な判断による無意味な工事です。往々にしてあるのが、押えコンクリートに入れてある伸縮目地の交差部に脱気筒を付けて、通気をとった〝つもり工事〟です。

このような施工は、防水層内部に空気を流す緩衝材がないので、脱気筒周辺以外は空気が抜けないため、行き場のない水分がウレタン防水塗膜を剥離し膨らむ現象が発生します。

なぜこのような工事をしてしまうのかは、施工者の知識不足で、適正な工事をすれば10年は長持ちする防水が、2~3年に膨れが発生しはがれてしまいます。工事を節約する目的でこのような施工をしたのではと思われる方もいると思いますが、決して工事は安くなく、本来の通気緩衝工法で工事をした場合とほとんど変わりがありません。逆に、脱気筒の数を多くする分費用が増えてしまうことも考えられます。

このような施工の間違いは、工事会社に防水工事に関する経験と知識がなかったからと判断せざるを得ません。

所有者から見れば、工事業者の選択ミスということになります。

通気緩衝工法にはさらに2つの工法がある

通気緩衝シートという穴の開いた有孔ポリエステル不燃紙を敷いてからウレタン防水材を塗る工法があります。この工法は、通気緩衝シートを敷いた後の固定用に、ウレタン主材を一度穴が埋まる程度塗り、固定する必要があります。

もう1つは、通気緩衝マット（自着マット）を敷くことでマット自体が下地と半接着となり、通気機能を発揮し、下地水分の換気機能を保つ工法です。この工法は、通気緩衝マット（自着マット）を敷き、後に目止め固定用のウレタン主材を塗る必要がなく、防水主材を塗る工程に移れるので、1工程手間が省けるため、工事コストも多少安くすることができます。

【図表19　浮きや剥離の発生】

2つの工法は、機能的には違いはありませんが、接着力に対する耐久性は通気緩衝マット（自着マット）式より通気緩衝シートを使った工法のほうが強いという特徴があります。自着マット工法がダメということではありませんが、用途目的に応じて選択することをおすすめします。

メーカーでは、その接着力に関する耐久性の違いのデータは表示されていませんが、実際に2度目の防水修繕工事の時期を迎えている陸屋根を比較すると、私が実際に多くの陸屋根を見た上での判断にはなりますが、通気緩衝マット（自着マット）式に浮きや剥離が発生しています。

経過年数としてもメーカーの対応年数に達しているので、当然の経年劣化とも判断できますが、同じ時期を迎えた通気緩衝シート工法の場合には、浮きや剥離をしている状態をほとんど見ることはありません。

この違いは、次回の防水改修工事をする場合に、既存防水層の全面撤去をするのか脆弱部の部分補修ですむのかの違いとなり、コスト面にも違いが出ます。

11　押え工法の防水改修繕

防水押えコンクリートの目的は防水層の保護

押えコンクリートがある防水工法の利点については、防水層を太陽の熱紫外線から保護する目的や、歩行や機器のメンテナンス時に防水層に衝撃や傷を与えない目的などがあります。ただし、露出防水と違い防水層表面を目視できないので、劣化状態も確認することができません。

また、防水材の寿命が過ぎて防水修繕をする場合も、既存防水と押えコンクリートを撤去せずに、その上に施工をするという特徴があります。

防水修繕で一番大切なことは、下地との密着性です。修繕工事は、新築後10～12年後に行うのが一般的で、押えコンクリート表層も経年により劣化しているので、防水層へ悪影響を与えないように下地処理を行います。

下地処理は、高圧洗浄で陸屋根のコケや泥などをきれいに洗い流してから、伸縮目地処理やカチオンノロ引き補修やクラック補修を行います。このような下地処理は、押え工法の陸屋根であればどんな建物でもすべて行います。

押えコンクリート工法の場合の防水修繕の時期

押え工法の場合は、保護コンクリートとその下の防水層は撤去しません。そのため、防水修繕工事をしても、内部にある新築時の防水層も十分に防水性能が維持されていることがほとんどです。つまり、新築時防水層＋修繕防水層の2層構造となり、さらに防水性能の信頼性がアップするのです。

また、表層の修繕防水層が劣化して一時的に切れたとしても、内部の防水性能が維持されていれば建物の防水性は保たれていることになります。

押えコンクリート工法の防水修繕をいつすべきかと聞かれれば、新築から10年を経過したなら極力早い時期に防水修繕をすることをおすすめします。ただし、その際の工法選択は、しっかりと判断する必要があります。

まだ漏れていないからという理由で簡易的な防水修繕をしてしまうと、後々にかえって費用がかかってしまうので要注意です。

第6章　陸屋根に関係する箇所の防水性

1　陸屋根防水の維持管理

建物は意外と複雑に造られている

木造建物なら屋根という建物区分が明確になっていますが、鉄骨、鉄筋コンクリート建物には、屋根以外にも屋根の役割をしている屋根に付随する箇所が多く存在します。

おそらく屋根と屋根以外にも屋根があるという概念が今までないので、いきなり屋根と呼ばれていない屋根に付随する部分といわれても戸惑うかもしれません。

この章では、陸屋根の防水層以外の防水性を必要とする重要な部分について説明します。聞き慣れない用語もあるかもしれませんが、建物の防水性能を維持する上ではとても重要な箇所となります。

その理由は、実際に雨漏りや不具合の発生原因が、屋根に付随する関連部位からである場合が多いからです。

原因の判断を難しくしている理由は、形が複雑だったり、表面から見えないこともありますが、正しい維持修繕方法を知れば、陸屋根の防水性能を必要とする箇所が理解できるでしょう。

陸屋根の雨漏りを防ぐ維持管理方法について

屋上の利用は、建物所有者によって様々です。何年も上がって見たことがないという方もいれば、新たに倉庫やサンルームなどを設置していたり、植木をたくさん置いて緑化スペースとなっている屋上もあります。

屋上防水を長持ちさせる上で一番大切なことは水はけです。一般的な陸屋根は、１００分の1の勾配が付けられており、なだらかではありますが雨水がたまることなくルーフドレンに流れるようになっています。

ところが、実際に数年経過した屋上を見ると、所々に水がたまっている建物が意外と多いです。住宅街に建てられている5階以下の中低層の建物は、地上の土ぼこりが屋上まで風で舞い上がり、水はけの悪い部分やルーフドレン周りにたまることで、水たまりができる原因となります。

極端な場合は、たまった土に草が生えて根を張ってしまい、押えコンクリートの目地やクラックに雑草が茂っていることもあります。このような状態になると、それら草木の根が大きくなり、コンクリートが割れて爆裂することもあります。

これらは、定期的に屋上を点検して土だまりを清掃したり、生えた草があれば早めに処理したりすることで防ぐことができます。

また、植木鉢などで草木を栽培している場合、長期的に鉢から流れ出る土がドレン周辺で堆積し水はけを悪くしていることもあります。

ルーフドレン周辺は、どうしても水がたまりやすい箇所ですが、鉄製鋳物のドレンと雨どいのジョイント部は、常に水に浸っているとさびて雨漏りを起こす原因となるので注意が必要です。

陸屋根を雨漏りから守り長持ちさせるには

鉄骨や鉄筋コンクリート建物の屋上防水を長持ちさせるためには、屋上の異変をいち早く察知することが重要です。押えコンクリートの目地の状態や、立上がりやパラペット周りのコンクリートやモルタルの浮きの状態が変化したり、クラックなどが発生している場合は異変の大きなサインです。

中でも押えコンクリートの伸縮目地は、気温の変化で下のアスファルト防水が起こす伸び縮みによる押えコンクリートの動きを緩衝吸収する役割をしています。

仮に20㎜幅の目地がある一定の方向にだけ完全につぶれているようであれば、その動きの行き先が立上がり端末部の防水層へ向かい、入隅防水部が押さえコンクリートで切断されることも考えられます。

また、立上がり端末部の押えモルタルにクラックが発生している場合は、そのクラックが単にモルタルの経年による乾燥段階で発生したのか、下地の防水層が動いて割れたのかの判断をする必要があります。

いずれの場合もそのまま放置しておくと割れがひどくなり、最終的には爆裂して押え保護モルタルの役割を果たさなくなるだけではなく、割れの範囲が広くなることもあります。

端末部の防水層や押えモルタルの状態は、とても重要です。それは、それらの異変が雨漏りの原因となる可能性が高いからに他なりません。屋上防水からの雨漏りで多い事例の1つが端末部なのです。

新築時のアスファルト防水の端末部は、フラットバーで防水層のめくれ防止を目的に固定されています。もし押えモルタルが割れていれば、防水端末が剥離している可能性があります。また、パラペット天端の押えモルタルが割れて剥離すると、その破片が隣地や道路に落下する危険性もあります。気づかなかったでは済まされない大きな事故となることもあります。

建物の老朽化に伴い、パラペット周辺や外壁の一部が剥落して災害にならないためにも、屋上外壁共に定期的な点検を行って、異常があれば速やかに修繕工事をすることをおすすめします。

2　陸屋根と傾斜屋根の違い

陸屋根と傾斜屋根の雨漏りリスクの違い

鉄筋コンクリートや鉄骨建物などは、一般的に陸屋根という平らな屋上に防水施工がされていて、その勾配は１００分の１～１００分の２程度とゆるやかで、陸屋根で雨を受け、ルーフドレンに集水し、雨水を外部の雨どいに流し出します。

一方、木造建物など多くの傾斜屋根は、10分の３～10分の４程度の急勾配がつけられており、雨水を軒どいへと受け流す形になっています。

傾斜屋根に比べると20倍以上も陸屋根のほうが勾配がゆるいことがわかります。つまり、陸屋根には雨が降った後に一時的に雨がたまる構造なので防水性能への信頼度が高く、一般的な瓦やコロニアル屋根は傾斜により雨水が流れるので防水性能への依存度が低いということです。

もう1つの違いとしては、陸屋根防水は、防水層が屋根に対して1枚のシート形状に成形されていることにあります。それに対してコロニアルや瓦は、1枚1枚を傾斜の下から張り上げる形となっているので間隔があり、その分を屋根勾配で雨の侵入を防いでいます。

陸屋根は、勾配がゆるいので、雨の水分による影響で防水層の劣化が勾配屋根より早く、雨漏りの危険性が高いといえるでしょう。

構造や規模によって違う屋根の形状について

木造建物など一般的な傾斜屋根では、屋根素材の違いにもよりますが、特に施工不良などがなければ20年程度は雨漏りすることはなく、建物寿命が30~40年ということを考えれば十分かもしれません。

ところが、陸屋根防水の寿命は、建物の構造や規模に関係なく12~15年程度と、傾斜屋根に比べると短命で、さらに防水修繕工事後も定期的な点検やメンテナンスが必要になります。

実際の建物を見ると、明らかに陸屋根建物が雨漏りをしているケースが多いという現実があります。鉄筋コンクリートや鉄骨造建物は頑丈に造られているというイメージから、屋根についても同様に丈夫であると思っている方が多いこともあるでしょう。

建物に比べて陸屋根防水は寿命が短いということを、知らない方がほとんどというより、知らされていないといったほうが正しいのかもしれません。

また、両者の防水層についても、コロニアルや瓦屋根は屋根材の下に防水シートが敷いてあり屋根防水構造としては２重構造になっているのに対して、陸屋根は防水層の1重構造です。これは、防水性能が切れた時点で即雨漏りすることを意味します。

このような陸屋根と傾斜屋根の構造と特性をよく知った上で陸屋根のメンテナンス考えることが大切です。

3　雨漏りのリスクが高いアルミ笠木周辺

パラペットにはアルミ笠木の設置とコンクリート造の２通りがある

建てられた年代によっても違いがありますが、昭和50年代頃はアルミ笠木建材が高価な商品であったので、鉄筋コンクリート建物はコンクリート笠木で、鉄骨構造建物は鋼製笠木で建物が造られていました。その後、アルミ笠木の流通が一般化し、鉄筋コンクリートや鉄骨構造の別を問わずアルミ笠木を利用する建物が増えてきました。

鉄筋コンクリート建物で以前主流であったコンクリート笠木は、立上がり部の防水層の浮きやめくれ防止の目的でレンガノロックが積まれています。このレンガブロックは、厚みが１００㎜あり、十分に立上がりの防水層を押さえることができます。

陸屋根の防水層は、端末部が重要で、一般的にはフラットバーなどで押さえられていますが、それでも防水層が気温の差により伸縮し、浮きやはがれの原因となります。レンガブロックは、そのめくれ阻止の目的で立上がり防水表面を側面から直接支える工法となります。その分ブロックの厚みが増すので、コンクリート笠木の幅も広くすることが大切です。

12～15年後に行う防水修繕工事では、新築時においてはパラペット（陸屋根防水の建物外周部の立上り上部のことで防水層の端末部）のあご下で止められていた防水と同じ位置を端末部とするのではなく、コンクリート笠木上部まで防水をすることをおすすめします。

理由としては、経年劣化によりパラペット天端にクラックが入り、そのクラックからコンクリート躯体内部に雨水が侵入する可能性があるからです。


陸屋根の屋上防水の端末部の多くに用いられているアルミ笠木の特徴

このアルミ笠木は、アルミエクステリアメーカーが工場で製作し、製品として現場に納入され、現場で取付けを行います。取付け部品も既製品化されており、品質も安定しているので、パラペット周辺からの雨水侵入を安定的に防いでいます。アルミ笠木は、定尺４ｍ程度の長さの製品を、現場でオープンジョイント工法で取り付けます。

ただし、コーナー部は溶接接合、接着接合、シーリング接合のいずれかになっており、シーリング現場接合されている場合には、シーリングの経年劣化に伴い雨漏りのリスクが高くなります。

鉄筋コンクリート建物でも鉄骨造建物でも、アルミ笠木でおさめる場合には、パラペット天端まで防水を巻き込んであるので、アルミ笠木の隙間からアルミ笠木下に雨水が入っても雨漏りはしないように思われがちですが、実際にはアンカーで防水層に穴が開けられて、アルミ笠木を固定するための取付け金具がボルトで固定されています。

そのために、台風などの風を伴う大雨時やジョイント部での劣化によって、雨漏りが発生している建物が意外にも多くあります。

そのような場合、アルミ笠木を使用しているパラペットの屋上防水は、１度アルミ笠木を外してパラペット天端まで防水を行い、アルミ笠木の再取付けを行う必要があります。

その際の注意点としては、アルミ笠木の固定用ボルト穴周辺に、シーリングによる防水処理をしっかりと行い、万が一アルミ笠木下に雨水が回っても、雨漏りをしない構造にしておくことが重要です。

また、ジョイント部のシーリングについても、オーバーブリッジ工法で厚みを持たせた２面接着とし、アルミ笠木の伸縮に耐えられるような工法で処理をすることが大切です。

板金笠木はジョイント部の防水性が弱い

金属系の笠木の中でも、板金系の金属笠木の場合は、１度取り外した笠木は再設置をすることができません。そのため撤去せずにパラペットの立上がり止まりの防水となるので、笠木内部の防水が未施工となります。

近年、主流となっている規制品のアルミ笠木は、防水修繕工事の際に一時的に外して、防水施工後に再設置することができます。

板金系笠木は、ジョイント部の防水性が弱いので、経年によるシーリングの劣化で簡単に笠木内部に雨水が入ってしまいます。このような建物の特徴は、鉄骨ALC造建物に多く見られます。

ALCは、普通コンクリートに比べると耐水性能が低く、パネルのジョイントや端末部からの雨漏りの危険性も高いといえます。そのため、12～15年のサイクルで正しい外壁塗装や屋上防水の修繕工事を行う必要があります。

4　グラウト注入の注意点

グラウト注入を知っているか

グラウト材とは、無収縮高強度モルタルのことで、簡単にいうと収縮しないセメントモルタルのことです(骨材とセメントと水を混ぜ合わせたもの)。このグラウト材は、建物の隙間に注入したり、土台のレベル合せのパットなどに使ったりするのですが、修繕工事では隙間埋めに使う注入がほとんどです。

では、建物にグラウトを注入しなければならない隙間とは何でしょうか。鉄筋コンクリート造建物では、構造体を先に造り、後で仕上げ材や付帯部を取り付けて隙間を埋める作業を行います。新築時には隙間がないように施工することが重要ですが、その隙間ができてしまうことがあります。実際の修繕工事の際にその隙間を埋めるためにグラウト材を使うことになります。実際の修繕工事では、屋上などの手すり支柱の内部注入に使用することもあります。

【図表 20　手すり支柱のグラウト注入】

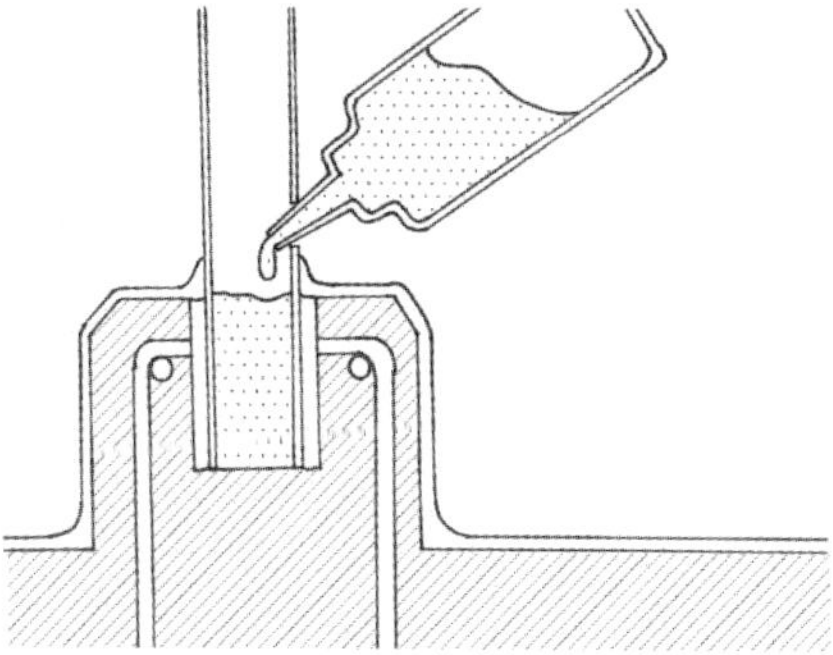

手すり支柱のグラウト注入は防水修繕工事と同時施工したほうがよい

防水修繕工事では、手すりなどが固定されている基礎も同時に防水を巻き込むので、外からの防水性は高まりますが、手すり内部からの水分は逃げ場所がなくなります。すると基礎内部に残された水分は、表面と防水層を膨らましたり剥離を起こしたりして、雨漏りの原因になってしまいます。

つまり、グラウト材は、防水層を貫通している手すり柱の内部から、防水層内側に水分が回らないようにする防水材の役割をしているのです。

また、屋上の手すり以外にも、外装修繕工事を行う際に必要に応じて躯体と付帯部の隙間を埋めることで、漏水の危険性を少なくする役目もあります。

このように様々な役割を持つ材料ですが、意外にもこのグラウト材の適正な使い方を知らない工事会社もあるようです。

私は、建築の専門家として、細部に渡り建物を点検し、必要であれば必要な箇所に適正な処理をすることが大切だと思います。グラウト材に限らず、建物には私達のような建築の専門家が見なければわからない部分が存在します。

グラウト注入材はセメント系と樹脂系があり目的や用途により使い分ける

グラウト注入材は、セメント系と樹脂系があり、目的や用途により使い分けることが必要です。樹脂系は、水や油に強く圧縮強度も強いので、工場の機械基礎などに利用されます。セメント系は、樹脂系に比べるとコストが低いので、大量に使う建築工事の躯体関係で多く利用されています。ビルやマンションの修繕工事で、外部の手すり支柱内に防水工事の一部として注入するグラウト材は、防水性能を必要とするので、できれば樹脂系グラウト材を使うことをおすすめします。「手すり材は、スチール製（鉄）ならさびやすいがアルミ製はさびないのでグラウト注入は不要」と思われるかもしれませんが、アルミ支柱内底部は鉄製アンカーと溶接接合されているので、スチール製（鉄）支柱と同様に水分が入ればさびて爆裂する危険性があります。

一般的にグラウト注入は、手すり支柱がさびそうな状態になってから防水修繕工事で同時に行う工事と思われています。ところが、正しくはさびてしまう前にさび防止の目的で行うべきなのです。

実際にさびが発生した部分にグラウト注入をしても、モルタルのアルカリ成分でさびの抑制にはなりますが、さびの修復にはならないからです。

そのため、防水修繕工事の際にアルミまたはスチール製を問わず、屋上周囲の手すり支柱にはグラウト注入をおすすめしています。仮に手すり支柱に異常がなく健全な状態でも、手すり基礎部分を完全防水巻き込みとすると、手すり内部に少しでも水分が入れば、逃げ場を失った水分により基礎周りの防水表面に膨らみが発生するからです。

また、手すり支柱の埋込みモルタル周辺に割れや隙間が発生している場合などは、それらの埋めモルタルを除去して、新たにグラウトモルタルで埋めることをおすすめします。

5　傾斜壁からの雨漏り

鉄筋コンクリート建物の斜めになっている壁

３階建て以上の鉄筋コンクリート建物には、建築基準法の高さ規制により、壁を斜めに傾斜をさせた斜壁があります。こうした建物は、道路境界や隣地境界線からの距離により斜線制限があるため、建物の壁を傾斜して建てられています。斜壁は、屋根と同様に雨を直接受けるので、しっかりとした防水性能がなければ雨漏りの原因となります。

木造建物であれば、壁の構造自体の耐水防水性能が低いので、屋根としての施工がされていますが、鉄筋コンクリート建物の構造材は、耐水性があるので、斜めの壁として施工がされています。実際には、屋根としての施工が必要な箇所を壁扱いとして仕上げられているので、経年劣化に伴い雨漏りの原因となります。

鉄筋コンクリート建物の斜壁から雨漏りする原因とは

斜壁の修理をするには、全体に足場を組み立てる必要があります。木造住宅と違い、中高層の鉄筋コンクリート建物は、外壁修繕工事の仮設足場にかかる費用が大きく、大がかりな工事になってしまいます。

斜壁は、雨がかかるのでその仕上げ面の劣化も早く、他の壁に比べると傷んでいる場合が多いです。

また、外装面にクラックなどが発生しているケースでは、そのすぐ内側に鉄筋が入っているので、長期間放置すると内部の鉄筋がさびて構造体の強度低下を招く恐れがあるので注意が必要です。

このような状態になった場合には、壁というよりは、屋根としての施工をすることをおすすめします。

防水施工、金属ルーフ貼り施工などが考えられますが、いずれの施工においても高耐久質の材料を選ぶことが大切です。

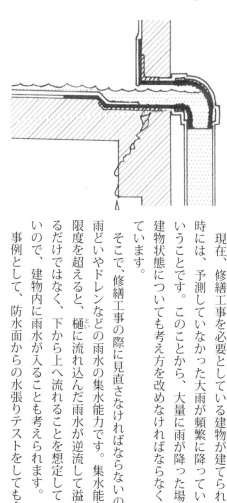

6　雨どいの逆流

気象条件と雨どいの構造

近年の気象条件は、ひと昔前と違い、短時間に大雨が降るようなゲリラ豪雨や爆弾低気圧など、名称がつけられるほど大量に雨が降ることも珍しくありません。

【図表 21　大雨時の雨どい内の逆流】

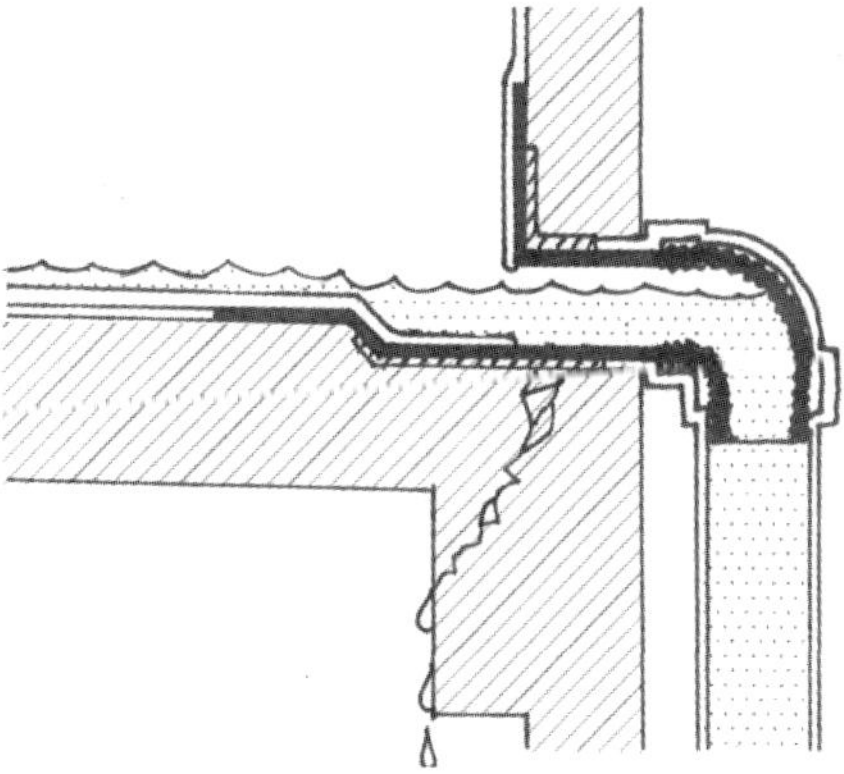

現在、修繕工事を必要としている建物が建てられた当時には、予測していなかった大雨が頻繁に降っているということです。このことから、大量に雨が降った場合の建物状態についても考え方を改めなければならなくなっています。

そこで、修繕工事の際に見直さなければならないのが、雨どいやドレンなどの雨水の集水能力です。集水能力の限度を超えると、樋《とい》に流れ込んだ雨水が逆流して溢れ出るだけではなく、下から上へ流れることも想定していないので、建物内に雨水が入ることも考えられます。

事例として、防水面からの水張りテストをしても全く雨漏りしない完全な施工をしたにもかかわらず、大量の大雨が降ると必ず下階に雨漏りが発生する陸屋根の現場がありました。

その後、様々な調査をしても原因がわからず、ハッキリとした事実としては、大量の雨が降ったときだけ雨漏りするということだけでした。

そこで、あるとき、大量の雨が降った状態を想定して水を流してみると、雨どいが水を集水しきれずに逆流（オーバーフロー）していることがわかりました。そのオーバーフローした水が、改修用ドレンの裏側に回り、修繕した防水層の裏側に入った状態となっていました。

改修用ドレンは、既存のドレンがさびて、そこから漏水するのを防ぐ目的で設置しますが、近年の大量に降るゲリラ豪雨などでは役に立たないことになります。

防水修繕工事の際には、今までの雨どいのルートや集水量が適性であるかの確認をするとともに、仮に足りないという状態であれば別ルートをつくるなどの検討が必要になるでしょう。

大雨時の雨どい内の水の逆流について

同じように短時間の大量の雨により、陸屋根防水をしたにもかかわらず実際に雨漏りしたケースがあります。

この建物の特徴としては、屋上の大屋根から下階のルーフテラスへとドレンで集水した雨水を下階へ流している状態となっていました。下階のルーフバルコニーに陸屋根からの雨水を流せば、そのルーフバルコニーは上階の陸屋根の雨水量も負担することになります。その影響は、さらに下階のバルコニーのといへとつながれるので、下階に行けば行くほど雨量負担が増えることになるのです。

防水修繕工事で利用する改修用ドレンの納まりを考えると、上からの雨水の流れには対応できても、下からの逆流（オーバーフロー）水には無抵抗で、雨水が古いドレンまで流れ込んでしまいます。結果として、防水修繕をしたにもかかわらず、大雨が降ると雨漏りがする状態となってしまうのです。

対策としては、大雨時に今までには考えられなかった逆流を想定して何らかの対応をする必要があります。例えば、屋上の雨どいルートを別にする方法や、改修用ドレンの強化ホース外周から逆流しないような処理をするなどです。

今までには必要なかった対策をする必要があるということです。まだこのような事例はさほど件数はありませんが、実際には防水修繕をした後、気づかずにこのような事象となっていることがあるかもしれません。

今後は、このような事象が起こる可能性があることを前提に、ドレン周りの納まりや改修用ドレンの取付けや、部材を考え直す必要性も出てくるでしょう。

施工側としては、防水メーカーなどが、逆流による漏水事象が起こらないような工夫や対策をすることが急務だと思います。

雨どいの逆流による雨漏りは今までにはない新たな現象

この雨どいの逆流による雨漏りは、原因不明の雨漏りとして解決できずにいることのほうが多いかもしれません。もう少し補足すると、「改修用ドレンが設置されていて防水修繕工事をした建物」という条件が付きます。

屋上防水は、一般的に築後10～15年程度で防水修繕をします。防水修繕をする時点で、建物によっては既存防水層がすでに劣化し、雨漏りしている建物も少なくありません。

そこで、防水修繕では、既存の古い防水層に頼ることなく、修繕した防水層のみで完全な防水機能を果たすように施工されます。そのため、平場の既存防水層の撤去非撤去にかかわらず、改修用ドレンを使い、さびたルーフドレンと雨どいなどの接続部にバイパスをつくって、その箇所からの雨漏りも防ぐようにしています。

改修用ドレンは、既存ドレンの穴径よりワンサイズ小さい物を既存のドレンと雨どいに差し入れて設置します。そして、この構造の特性により、既存雨どいと改修用ドレンの強化ホースの間には、クリアランスとして10㎜程度の隙間があります。この隙間は、既存防水表層（押さえコン）と新規修繕防水層の間の空間とつながっています。

ということは、この隙間に雨水が流れれば、修繕防水層の裏側に雨水が入るので、もし旧防水が雨漏りしていたなら、とい内部の雨水が逆流することで雨漏りを起こす可能性があります。実際に今お話したような条件が重なって雨漏りが発生しているケースがあります。

この場合の症状（雨漏り状態）の特徴は、降り初めから雨漏りまでにはある程度の時間を要し、1度漏れ出すと長時間（1～2日間）に渡り大量の雨漏りが続くことです。また、普通に降る雨ではなく、短時間（長時間ならなおさら）に大量の雨が降った場合が条件となります。

つまり、雨どいの排水能力より多くの雨水が集水され、流れた場合に、雨どいが逆流し、修繕防水層の裏側に雨水が入って雨漏りする現象です。

近年頻繁に発生している集中的に大量に降る雨により、建物所有者が知らない間に雨どい内の雨水が逆流し、雨漏りが発生していることがあります。

この現象は、まだ一般的に広く知られていないので、原因不明の雨漏りとして処理できずに経過を見ている建物も少なくありません。

雨どい内の雨水の逆流という現象は、私が経験した過去の事例から見ても、10年以前まではこのような現象を見た記憶がありません。とくにこの5年間では、自然災害である台風や豪雨被害が増えています。ゲリラ豪雨という言葉が一般的に使われだしたのもここ数年のことです。地球規模による温暖化が原因の1つといわれていますが、このような気象状況の変化は、多くの人が想像していなかったと思います。しかし、現実として、短時間に大量に降る雨が建物へ与えている影響は存在しており、私たちが気がついていないことはまだ他にもあるかもしれないのです。

修繕工事においては、起きる可能性がある被害や事象への、できる限りのリスク対策をとっておくという考えを持つことが大切でしょう。

常識は入れ替わっていく

建物修繕は、経年劣化による古くなった部分を修復するという考えだけではなく、自然災害を含めた様々なリスクを回避をするという観点も必要となってきています。

自然災害と聞くと、ある一定の地域で発生する地震や台風や津波などを思い出しますが、被害の大小はあれど、今後は自然環境の変化により、これまでは「まさかそんな」と思いもよらなかったことが、「その可能はある」というように常識としてとらえることが出てくるかもしれません。

建物の防水性能を維持する目的である建物修繕においては、自然現象である雨量の変化はとても重要な問題です。新築時の建物設計では、その当時の時間当たりの降水雨量の最大量から、屋上の面積に応じた雨どいやドレン径や箇所数を算出して実際の建物に設置されています。もし、この5年くらいの期間にその基本設計として用いるデータが変わってきているとしたら、それらの条件に合わせて修繕方法も対応し進化することが求められます。

これから建物を建てるのであればそれは可能ですが、すでに建築されている既存建物はそのままでよいのかということになります。当然ですが、同様に新しい環境に対応した対策を取り入れていく必要があります。

もしかしたら、「こんな気象条件のときだけ雨水がしみ込む症状がある」など、原因がわからない不明な事象を持っている方もいるのではないでしょうか。ぜひ、建物修繕を計画する場合には、このような考え方も取り入れていただけるとよいと思います。

第7章　躯体補修

1　躯体調査および補修方法について

表面から見えない部分

建物の駆体は、何といっても表面から見えない部分の劣化状況を調べて直す作業なので、壁の内側の構造がどんな造られ方をしているかを知る必要があります。

構造躯体が劣化する原因は、完成後の外的要因だけではなく、新築時の構造躯体を造る段階で起きる内的要因にも関係しています。

なぜ、構造躯体の状態にこだわるのかというと、すでに完成されている躯体内部を造り変えることはできませんが、建物修繕において、外部からそれらの構造躯体を守る修繕方法があるからです。私は、偶然にも、このような建物を新築工事として造る仕事と修繕工事で直す仕事の両方を合わせて40年間やってきました。

時間を経過した建物状況に対し、具体的にどうすることが適正な建物修繕となるのかは、現場で実際の建物を自分の目で見る以外に方法がなく、その上で初めて最善な修繕の選択をすることが可能となります。

この章では、現場でしか得られないことを1つひとつ整理して、建物修繕をする上で重要な躯体補修について詳しく説明します。

外壁修繕の躯体調査の種類

躯体調査では、見積り段階ではまだ足場がないので、手の届く範囲で判断する見込みの見積りとなります。

実際には、工事着工後に足場架設をしてから実測調査をして、調査報告図と実測見積書に基づいて工事を行うことになります。

調査方法としては、次の４つがあります。

・打診による浮き調査

打診棒という鉄球のついた棒を使い、外壁の躯体コンクリートやモルタルやタイルに浮きなどがないか発生状況を調べます。

・クラック割れ調査

クラックスケールとクラック深さゲージを使用し、クラックの巾と奥行を調査します。

巾が広くなればそれだけ奥行きが深く入っていることになり、その状態によっては１５０㎜の壁厚を貫通していることになります。

・爆裂調査

目視と打診調査を行います。

・塗膜剥離

目視による調査をします。

鉄筋コンクリート造の躯体補修工事の種類

鉄筋コンクリート造の躯体補修工事の種類には、次のものがあります。

・塗膜脆弱部補修

この躯体補修工事は、外壁の表面塗膜が浮いたり剥離したりしている場合に行う工事です。処理方法としては、脆弱塗膜部を撤去して、接着力の強いカチオンモルタルを浮き防止目的で薄く塗り(表面補修)、凹凸部の成形を行います。

・爆裂躯体補修

この躯体補修は、コンクリートモルタルの表面的な傷みに留まらず、躯体内部から割れが発生して爆裂している部分を削って切除し、新たに樹脂モルタルにより躯体成形を行う作業です。

躯体の爆裂が発生する原因としては、軽微なクラックを放置した結果、コンクリート躯体内部に水分が入ることで躯体内の鉄筋がさびて膨張し、コンクリートモルタルを押し割る現象が主なものになります。

・欠損部補修

この躯体補修は、爆裂部が割れて躯体が欠損(取れている)状態となっている部分の補修工事となります。

処理方法は、爆裂補修と同様で、樹脂モルタルにより躯体成形を行います。ただし、内部鉄筋が同様にさびているので、さび落としと防さび塗装処理もする必要があります。

・浮き部の補修

浮き補修は、コンクリートにモルタル塗りの場合と、タイル貼りの外壁両方の場合に発生する作業となります。

処理方法としては、１㎡当たり３箇所程度の穴あけを行い、その穴にエポキシ樹脂とステンレスピンを併用し注入します。

エポキシ樹脂は強力接着材の役割で、ステンレスピンは表層のモルタルやタイルと躯体とのつなぎの役割をします。

浮き部補修は、一見するとクラックも発生しているので、Ｕカットシーリング処理や爆裂躯体補修と判断を間違えるケースもあります。もし、判断を間違えると、削る作業などで振動を与えることで逆に浮き損傷範囲が広くなることもあるので、とても重要なポイントとなります。

2　エポキシ樹脂注入

躯体補修工事でエポキシ樹脂注入を行う目的

鉄筋コンクリートや鉄骨造建物では、躯体補修工事の際エポキシ樹脂注入作業が発生します。エポキシ樹脂注入にもいくつかの躯体の状態や目的があり、建物構造の状態によっては全く不要な場合もあります。

エポキシ樹脂注入は、大きく分けるとクラック注入と浮き注入の2通りがあります。クラックに注入する場合は、さらに低圧で時間をかけて注入するケースと、クラック部分にダイレクトに中圧力注入する2とおりがあり、建物状況により判断が分かれます。

外壁の浮き部にエポキシ樹脂を注入する場合は、ステンレスピン併用（挿入）エポキシ樹脂注入とします。これは、浮いている塗りモルタルと躯体を樹脂の接着力だけではなくステンレスピンでつなぎ、強固にする目的があります。

この浮き部に行うステンレスピン併用エポキシ樹脂注入工事は、すべての鉄筋コンクリートや鉄骨建物に適応するわけではなく、躯体にモルタル塗り施工がされている場合に限ります。つまり、次の条件の建物の場合は対応できません。

・コンクリート打放し＋タイル直貼り鉄筋コンクリート建物

年代により違いもありますが、躯体に15～20㎜程度のモルタル塗りをした上に塗装仕上げやタイル貼り仕上げをしている建物と、躯体に1～2㎜程度の下地薄塗り補修をして、塗装仕上げやタイル貼り仕上げをしている外壁があります。

ステンレスピン併用エポキシ樹脂注入は、下地薄塗り補修建物には行えません。このような建物の壁面が浮いている場合には、爆裂補修や貼替え補修しか方法はありません。

・鉄骨造建物＋タイル貼り

鉄骨建造物の外壁は、ALC外壁または古い建物で、ラス板＋モルタル塗りの2とおりがあります。

これらの建物も、ALCの場合にはタイル直貼り施工としており、モルタル塗り建物の場合は壁内部が空間となっているので、いずれの場合もエポキシ樹脂注入はできません。対処方法としては貼替えとなります。

躯体補修工事でエポキシ樹脂注入を行う建物状態について

ステンレスピン併用エポキシ樹脂注入工事は、躯体に下地モルタル塗りをしている建物に限られますが、例外もあります。

この例外的な躯体施工の状態を知らないで建物修繕をすると、状況によっては浮き補修工事に適正な対処ができません。例外的な事例としては、鉄筋コンクリート外壁で、コンクリート打放し補修下地の上に塗装仕上げやタイル貼仕上げをしている建物で、箇所によっては下地モルタルが塗られているケースがあるからです。

コンクリート躯体工事では、本来、建物は垂直水平に造られるはずなのですが、実際の工事現場での型枠工事やコンクリート打込み作業においての精度が必ずしも１００％正確ではないため、箇所によっては垂直が10～20㎜倒れたりすることもあります。

このような場合は、躯体が完成してから出っ張った部分を削り取ったり、凹んだ部分は結果として薄塗り補修ではおさまらず、20㎜程度の下地モルタル塗りが発生しているのです。

外観からは判断が難しく、実際には足場を組んでから躯体打診調査を行い、打音から内部の浮きの状態を判断します。このように鉄筋コンクリート躯体は、新築時の構造躯体工事における躯体精度が後々の建物状態に大きく左右し、建物全体の防水性能にも影響を与えています。

本来はないはずの躯体調整モルタル塗りがされている建物は、躯体施工の質が低く、体内部ジャンカ（空隙）や開口部周りの鉄筋配置により起こるクラックや空隙なども予測できるので、修繕工事をする場合には、それら周辺の状態確認を行うことが重要です。

タイル貼り建物は、タイルと目地に表面的に異常がなくても、実際には予測できないこともあります。そのため、躯体工事では、必ず調査項目を入れ、壁面ごとにどこにどの程度の数の浮きや、クラックの箇所数があるかの詳細調査をする必要があります。

事前の予測だけで調査を省略して工事をすることは、実際の状態と工事内容が合っていない状況で外壁修繕をすることになります。

外壁へエポキシ樹脂注入をする場合の注意点

外壁仕上げ面の材質に浮きや剥離が発生している場合には、必ず何らかの原因があります。その原因の違いによって、処理の方法も変わってきます。

一般的に非破壊で行う目視や打診調査の表面的に行う調査では、その原因を見抜くことはとても難しく、場合によっては赤外線カメラなどの特殊な機器を使って調査を行うこともあります。

あくまでもわかることは現在状況のみで、その原因については建物の状態を見る以外に方法はありません。

その原因が、施工ミスか、経年劣化か、材質の不良のどれになるのかを判断する必要があります。施工ミスか経年劣化かは、その状態が発生した時期で違いを判断しますが、いつ頃からその状態になったのか気づけていないケースが大変多いので、現場で状況判断をすることがほとんどです。

また、浮きの範囲が極端に広い場合、雨水が入り込んでいるのが原因となっていることもあるので、外部からの水の侵入がないかの調査を行う必要があります。

鉄筋コンクリートの外壁は、躯体修正の目的で壁を部分的に削ったり、付けおくりモルタルを塗ったりして外壁表面の凹凸を平らに整える作業を行ってから、仕上げ材のタイル貼りをすることがほとんどです。

実際に外壁の浮き調査を行うと、広い範囲で浮きが発生している場合は、このようなケースが多く、その原因の多くは新築施工時の洗浄不良や接着材の硬化不良です。

3　タイル外壁のメンテナンス

外壁のタイルがはがれ落ちる原因は

建物の外装は、経過年数により経年劣化します。塗装仕上壁面であれば、外壁塗装の塗替え工事が必要になります。ところが、タイル壁面に関しては、タイル材が無機質素材なので劣化しにくいという特性から、経年劣化をしないと思われている方も多いです。

タイルは、基本的に壁面（下地面）に圧着（接着剤）貼りをし、その上から目地セメントを埋めることで壁面に接着しています。塗装壁面の外壁と同様に、やはり経年による劣化が起こっています。

では、劣化するとどのような症状が出てくるのでしょうか。まず、表面の目地材に起こる症状として、雨などによりセメント分が流されたり、クラックなどから水分が入ることによる強度低下が考えられます。

状態としては、目地材の剥離、クラック（ひび割れ）、タイルの剥離などがあり、この状態で症状が悪化するとタイル自体がはがれ落ちてしまいます。万が一、建物の上部からはがれ落ちたタイルが敷地外に落ちて、通行人にケガなどが発生したら大変なことになります。

タイル貼り建物の外壁メンテナンス方法

タイル壁面を目視や打診をして、浮きやはがれや割れなどを確認調査します。そして、調査の結果に応じた外装メンテナンスを行います。

修繕方法としては、次のものがあります。

・割れているタイルの貼替え
・浮き部のステンレスピン併用エポキシ樹脂注入
・クラック補修

・爆裂補修
・目地補修

ただし、調査は全体に足場を組んでから行うので、事前段階では、築年数や目視による外壁状況から判断し予測見積りを行います。そのため、実際に足場を組んでからの外壁調査の結果に差異が生じます。

場合によっては、事前の予測数量より大幅に増える場合もありますが、劣化によるタイルの剥落の危険性を考えると、しっかりと修繕工事で対処することをおすすめします。

【図表 22　タイル貼り建物の外壁メンテナンス】

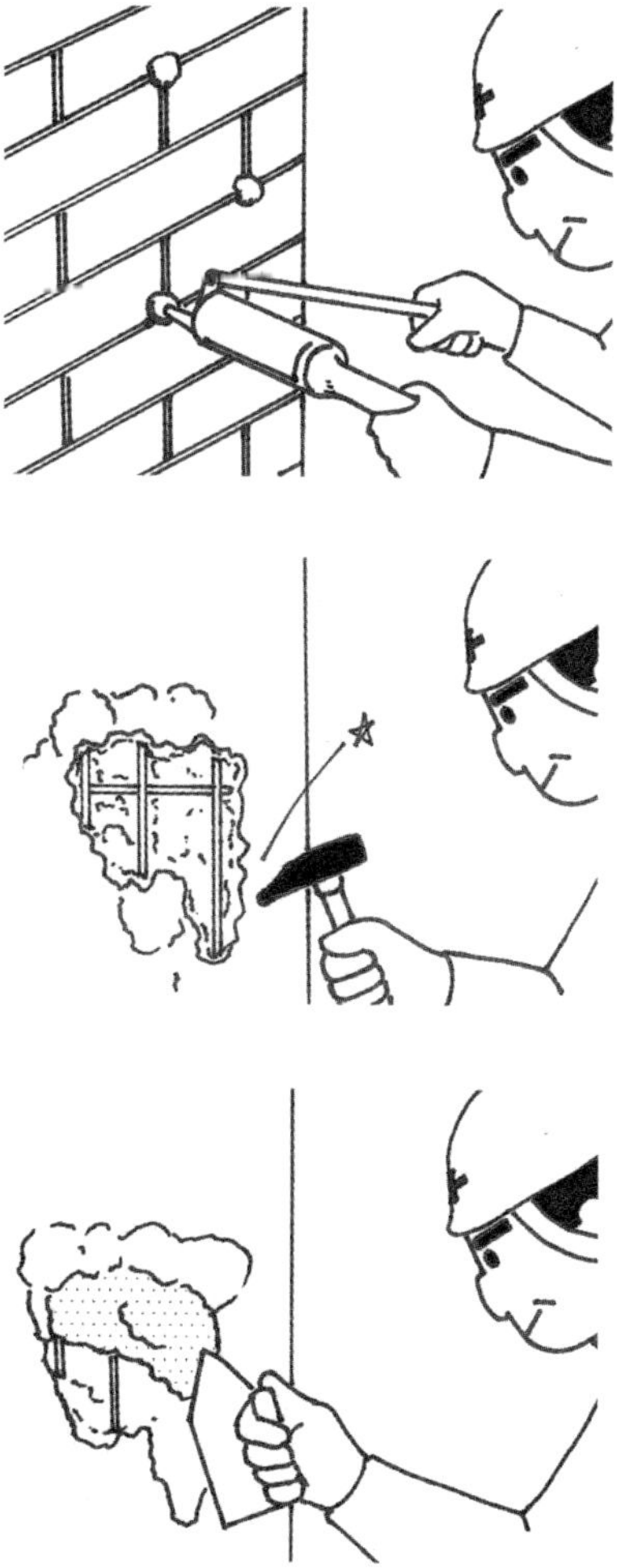

タイル貼り外壁の場合は、建物の建てられた年代や建物構造や下地の状態によっても修繕補修の方法が次のように異なります。

・鉄筋コンクリート構造

密着性が高く、建物の揺れが少ないので、タイルの密着性が高く、浮きによる貼替え補修が少ない建物です。ただし窓周りや柱周辺に構造クラックが入る可能性があるので、クラックからくる割れや浮きには十分に注意が必要です。

・鉄骨ALC構造

ALCパネルとタイル材の密着性には問題ないですが、ALCパネルの継ぎ目部分の目地周辺が建物の地震の揺れや振動などにより動き、タイルの剥離や浮きが発生しやすくなります。

ALCジョイント目地は、シーリング処理をしてあるので、その上に貼るタイルについても同じ位置に見地を設けて、シーリング打ちをすることが正しい処理方法になります。

・鉄骨ラス板モルタル構造

この建物は、ALC外壁よりも古い年代に建てられた建物で、全体的にクラックや浮きが発生しやすいので、基本的にはタイル貼りはしないほうがよいです。すでにタイル貼り施工がされている場合には、浮きの調査後にカバー工法などで、他の仕上げ材料を貼る施工をすることをおすすめします。

タイル貼り外壁は、外壁塗装に比べるとデザイン性がよく見栄えがするので、近年人気がありますが、建物の構造によっては割れや揺れが発生しやすいので、浮きや剥離への注意が必要になります。

また、塗装外壁に比べると雨漏りが発生しやすいという特徴もあるので、修繕工事をする場合には、窓周りや目地周りのシーリングを撤去して打ち替える必要があります。

タイル外壁のメンテナンスは、施工方法や必要な専門知識が外壁塗装面の修繕とは違うので、タイル外壁補修工事の経験豊富な工事会社に相談するとよいでしょう。

タイル面独自の洗浄方法

使用するタイル材については、新築時に残してある予備のタイル材料があればよいのですが、残していない場合は全く同じタイル材は販売していないため、市販されているタイル材の中から類似している物を探して貼り替えることになります。若干の色の違いが出る場合もありますので、見本などを取り寄せて確認をしてから貼り替えるとよいでしょう。

貼替えや注入などの補修工事完了後に、タイル壁面を洗って仕上げることになりますが、その洗浄方法も「水高圧洗浄」「バイオ高圧洗浄」「酸洗い洗浄」など何通りかあります。一番おすすめの洗浄方法は「酸洗い洗浄」の手洗いです。

長年の様々な汚れが、タイル表面のみならず目地部分にもしみこんでおり、高水圧洗浄だけでは綺麗にならないのでご注意ください。

タイルが浮いてしまう原因は

タイルの浮きは、下地クラックの影響による割れと、タイル目地の劣化が原因となる2とおりが考えられます。タイル外壁の修繕工事を行う際には、単に原状回復をするのではなく、今後同じような状況が発生しないように予防を行うことが大切です。

下地のクラックによる割れが発生している場合などは、同様に貼替えをしてもまた同じように割れが発生するので、下地の状態に応じた誘発目地を設けて、伸縮を目的としたシーリングを行う等の処理が有効です。

目地セメントの劣化を防ぐ方法としては、目地補修後に保護コーティングを塗り、目地の劣化を予防する方法があります。

4　タイル目地

タイル貼り建物の外壁から雨漏りする原因

タイル壁面は、塗装仕上げ面と違い、目地部の窪みや凹凸があります。塗装壁面では壁面で雨水を受けることはありませんが、タイル壁面は目地部で雨水を受けて、その水がクラックや目地欠損部から躯体内に入ることがあります。

タイル貼り施工方法には様々なやり方があり、コンクリート打ち放し補修の上に直接貼る場合や、下地モルタル塗りの上にタイル貼りをするケースもあります。この2つは、下地の防水性能に違いがあり、下地モルタル塗りをした外壁のほうが防水性能が高く、後々の雨漏りもしにくいといえます。

また、一般的なタイル工事では、タイル貼り後に目地埋めを行いますが、工法によっては深目地として貼り付け、接着モルタルを目地とする貼り方があります。

この工法で貼付けをするケースでも、振動ビブラート貼りとする場合と一般の叩き貼りの2とおりがあり、叩き貼付けの場合にはタイル裏側に隙間が残るので、後に雨漏りする可能性が高くなります。

目地埋めをしない深目地タイル貼りの場合には、目地窪み部にかなり雨水を受けるので、下地の防水性能が低いと建物全体の防水性が低いことになります。このような場合は、修繕工事の際に、タイル目地埋め施工をすることをおすすめします。

タイル貼り外壁に保護クリアー塗装が必要な場合

タイル材は、石器質や磁器質の無機質材なので、劣化しにくい材質で造られています。そのためか、塗装外壁のように塗替えなどの外装メンテナンスは必要ないと考えている建物所有者もおられます。

しかし、正しくは、塗装外壁同様に、経年劣化に伴う修繕工事が必要なのです。タイル材自体はほぼ劣化することはありませんが、タイル目地材や接着材が経年劣化でダメになるからです。

タイルには二丁掛けタイル、小口タイル、45二丁タイルなどがあり、材質は同じでも大きさや厚さ、目地幅などが違います。これらは、見た目だけの違いと一般的には思われていますが、実際には耐久性や貼付け強度にも大きな違いがあります。これらのタイルは、形状だけではなく、施工方法や目地材質にも違いがあるからです。

タイル壁面の改修工事をする場合には、打診調査を行い、タイルの割れや浮きはがれの調査と同時に、目地の劣化状態を確認します。目地が雨の影響により掘れて、目地部の溝が深くなっているようであれば、目地埋め工事をする必要があります。

目地保護の方法としては、タイル壁面に専用の高耐久クリア塗料を塗ることで目地材の保護になりますので、利用されることをおすすめします。

45二丁タイルの特徴

1枚1枚貼り付ける小口タイルや二丁掛けタイルに対し、45二丁タイルには18枚をワンシートとした300㎜×300㎜サイズのネット貼りという工法があります。

低価格でタイル貼り外壁ができるということで、各タイルメーカーが後発で販売した工法です。材料と施工コストが、従来の1枚1枚貼るタイルに比べると半分程度でできるので、多くの建物で利用されています。

ただし、これら45二丁タイルにも次のような欠点があり、そのリスクについてしっかりと知った上で、後の外壁メンテナンスをする必要があります。

・デメリット１：ネット貼りのため、タイル１枚１枚の貼付け密着具合の確認がしにくく、一般的なタイルに比べると接着力が弱く剥離しやすい。
・デメリット２：タイル厚みが５㎜程度と薄いので、目地厚みも４㎜程度しかなく劣化しやすい。また、目地幅も５㎜と小さいので目地自体の断面も小さく強度も弱い。
・デメリット３：目地材に配合する骨材（軽砂）粒子が小さいので強度が弱い。これは、目地幅が５㎜と狭いので、施工上、目地材の骨材粒子を小さくしたものを使用せざるを得ないため。
・デメリット４：目地埋め後にコテ押えをしていないので、目地内部にピンホール（空隙）があり、強度低下および目地劣化しやすく、最終的にはタイル剥離や雨漏りの原因となる。
・デメリット５：タイル下地が打放し補修の上に直接貼ってあることが多く、下地の防水性が低く、少しのクラックや浮きからも雨漏りとなることがある。

このように、タイルの材種によっても建物の防水性能に違いがあるので、タイル貼り建物の改修工事をする際には、タイル補修を含む躯体補修工事を併せてする必要があります。

5　ALC 外壁に貼られているタイル

鉄骨 ALC 建物の外壁にタイルが貼っている場合の注意点

ALC 材は、水に弱いという特徴があるので、外壁塗装材料に防水性が強い塗料を使用することでALC外装の防水性能を維持しています。また、ALC外壁のもう1つの特徴として、パネルの継ぎ目ジョイント部にシーリングという防水処理がされています。そのため10年を超えた時期に行う外壁修繕工事では、劣化して防水機能が低下したシーリング材を交換する必要があります。

ところが、塗装外壁なら容易に打ち替えが可能なシーリング目地も、ALC外壁にタイル貼りが施工され、目地がタイル内に隠ぺいされていると、タイルをはがさなければ直接目地シーリングの打替えをすることができません。

ALC目地部分は、長期的な建物の揺れにより微量の動きが発生するので、劣化すると目地上に貼られているタイル外壁表面にクラックが発生し、ALCジョイント部を通じて室内壁面まで雨水が浸透する状態となってしまいます。

特に窓の周りなどは、建物が揺れた際にひずみが発生しやすい箇所となるので、クラックが入りやすく、経年により劣化したシーリング目地には防水機能がないので簡単に雨漏りを起こすのです。これが鉄筋コンクリート構造建物との違いで、鉄骨ALC建物は雨漏りしやすいといわれている理由です。

シーリングの打替えが必要な箇所のタイルの処理

タイル貼り施工がされているALC外壁の外装修繕で、ALC目地を覆うようにタイル貼りがされている建物の場合には、表面のタイルをはがして内部の目地シーリングの打替えをする必要があります。

実際にALC外壁にタイル貼り施工がされている建物の調査をすると、目地上周辺に貼られたタイルにはクラックが発生して浮きや割れが見られ、そのまま放置すればタイルが剥落してしまう危険な状態となっているケースが多く見受けられます。

このような場合、建物の防水性能も重要ですが、クラックが入っているはがれそうなタイルを見過ごすわけにはいきません。外装修繕工事において行う、躯体補修工事をする必要があります。

ヨコのシール目地上にタイルが貼ってある場合

ALC外壁にタイルが貼られている建物で最も困る状態が、タテ目地だけではなく各階継ぎ目のヨコ目地上にもタイルが貼られているケースです。

この場合には、ヨコ目地シール上に貼られているタイルにダイヤモンドカッターで切り込みを入れて、シーリング目地の打替えが必要となります。

水平目地の内側には鉄骨のデッキスラブと構造体のH鋼があり、内壁や天井をはがしても目視で見ることができず、実際に雨漏りをしても確認のしようがない部分ともいえます。

その上、この水平目地は、タテ目地と違い、ALCジョイント内部に防水モルタルという2次防水がなく、表面のシーリングの1次防水しか施工がされていないので、雨水の侵入のリスクがとても高い箇所でもあります。

そんな重要な箇所のシーリング目地がタイルにおおわれて修繕工事時に打替えの防水処理ができないとしたら、建物全体の防水性能が全くないということと同様になってしまうのです。

このようにヨコのシーリング目地上に貼られているタイルは、防水処理ができないというリスクだけではありません。

鉄骨構造の特徴には、地震などの揺れに対する柔軟性が高いということがあります。揺れて変形しても元の状態に戻るという特性ですが、外壁材であるALCには鉄骨のような柔軟性はないので、何とか揺れを緩和してALC材に負荷がかからないようにする必要があります。

そのため、ALC材は、上下を支点にして固定するやり方としているので、水平目地周辺には動きが起きやすく、ヨコのシーリング部分はその伸縮性の機能を維持する目的でもあるので、そのような動きが発生する可能性がある上に伸縮機能に対応できないタイルを貼ってしまうと、割れたり浮いたり、場合によってはがれ落ちる危険性があります。

その点においても、建物修繕の際には確認し、もし問題があれば対処する必要があります。

建物修繕の価値観とは

本書の中で、建物修繕をする上で大切なこととして、「適正で必要な工事をし、誤った不要な工事はしない」と書かせていただきました。

また、その前段階として、「建築時期」「維持状況」「建物構造」の3つの視点で建物を見て、適正かつ必要な建物修繕を判断することの大切さをお伝えしてきました。

そうした様々な検討をする中で、最終的な判断を下す際に必要となるのが、建物修繕における価値観ではないでしょうか。

人は、自分で何らかの行動や判断をするときに、「納得感」というものを1つの判断材料とすることがあります。データや理論も大切ですが、肌間隔や、腑に落ちるという表現がしっくりくることもあるかも知れません。

例えば、同様に大きな費用がかかるものとして、自動車の購入などがあります。カタログなどの事前情報の判断ではA車かB車のどちらかで決めようと考えていても、実物の車に試乗してみたら、事前データでは該当しなかったC車という車が、運転のしやすさや見た目だけではない高級感に魅力を感じるなど、感覚的に納得感が得られて購入の決め手になることもあるでしょう。

おそらく、このような最終的な判断に至るまでの間には、多くの情報収集や検討する時間経過もあったことと思います。それがあったからこそ、迷いなく動いた感覚でもあると思います。

建物修繕における納得感を得るためには、最終的な判断する上で押えておくべき次の5つポイントがあります。

・修繕工事が必要な理由
・他の工法や材料との違い
・選んだ工法の実績
・同様の建物における状況
・先々のリスク回避

これらの条件を理解するためにも、修繕に関する基本的な知識は必要不可欠です。修繕後の維持管理の知識も、本書の情報を得ることで自己管理が可能となります。

建物は、建てられた年代も違えばその当時の技術の差や時間経過での過程も違うので、現在の状態から過去に造られた状況を見極め、築年数相応の経過年数に応じた修繕が必要となるのは本書で述べてきたとおりです。

先々のリスク回避をするために、事前に先回りした対応を考えることは大切ですが、プラスアルファの対応には、それに見合うコストがかかることも忘れてはいけません。建物修繕で納得できる価値観＝目的達成は、常に費用とのバランスがあり、そこを無視することができないからです。

そう考えると、修繕計画は、まずは工事業者にすぐに相談するのではなく、現在の課題を明確にし、修繕目的を整理して、修繕について質問された際に明確に答えられるようにしたいものです。建物修繕を進める過程において判断基準や目的意識がブレないよう、自分なりの考え方の軸となるものがあるとよいでしょう。

これからの建物修繕では

鉄骨、鉄筋コンクリート造建物の修繕を理解するには、かなり専門的で難しい部分もあったと思います。様々な事例について解説しながら、今までにあまり知られていない修繕の考え方や、不具合が発生する原因について詳しく書きました。

これらの建物についての情報を得ようと書店で本を探してみても、建築の専門書がほとんどで、一般の方からすると手軽に手に取って読むには難しく、あまり身近ではないと思います。

木造建物の修繕に関する書籍は詳しく解説しているものが多く出版されていますが、建物構造が違うので、不具合が発生する原因や解決方法も全く違います。

私は、今まで当たり前のように、このような建物修繕について取り組んできましたが、建物修繕に関する情報が広く伝えられていないことに気づかされました。

建物が造られてからの修繕と関わる期間は60年と長く、次の修繕までの期間も10～15年程度の期間があるので、引き継ぐ前に建築当時の技術者が現役を引退し伝承できなかったのかもしれません。

過去に経験した技術を継承できるよう情報を残し、伝えていくことが大切だと思います。

そして、修繕工事に関する情報は、工事をする側だけではなく、依頼する側にこそ、正しいわかりやすい情報があるべきだと思っています。

本書に書いた内容は、すべて現場での実体験と、建物を所有している方々1人ひとりの「困った」「わからない」「どうすれば」に対して建物の状態を判断し、答えたものが元となっています。建物修繕の問題解決方法をインターネットで探す方も多いと思いますが、なかなか自分の建物に合った答えを見つけることは難しいかもしれません。

建物の状態は、それぞれで、実際の建物を見て判断し、解決方法を見つける以外に方法がないからです。

本書だけで建物修繕のすべてを理解することは難しいと思います。

本当に自らがすべてを理解しようと取り組もうとしたら大変なことです
でも、修繕工事をする側が持つべき基本的な知識を得ることで、正しい修繕をする工事会社に安心して工事を依頼することが可能となるでしょう。

もし、自分に修繕に対する正しい知識がなければ、安心して任せるどころか、信頼関係を築くことにも不安が伴ってしまいます。

建物修繕を自己管理し、価値ある修繕の情報を得ることで、「自分の家を守る協力者」をつくってください。

こちらの考え方や対応で、相手も大きく変わってくるはずです。

時代はどんどん発展し進化しています。ここに書かれている情報も今現在のものであり、今ある情報は必ず古くなります。様々な情報に敏感になることも大切です。しかし、その中から正しい物を見極めてください。

そして、もし迷ったら、本書の建物修繕の原則を思い出してください。

正しい工事仕様に沿って修繕を考え、判断し、「適正で必要な修繕をし、誤った不要な修繕はしない」ことです。

本書を手にとっていただいた修繕を必要としている方々と、修繕工事をする方々のお互いの意識共有に役立ち、正しい修繕へと導かれることを信じております。

あとがき

建物には、長期間にわたり、自然環境下における様々な負荷がかかっていることがわかってきました。これからは、経年劣化という一言では、簡単に建物修繕を考えることはできません。自然環境の変化だからこそ、人の力では太刀打ちできないことも数多くあり、その度に、人間の自然の威力への無力感を持つことがあります。

ただ、その反面、私たちが事前の準備を怠ったために発生してしまった、人災と言わざると得ないことがあるのも事実です。建物修繕は、古くなった建物を修復するという考え自体は変わることはありませんが、「事前に気づく」というところに、もう少し心血を注いでもいいのではないかと思います。

問題が発生してからその改善方法を考えて何かをするということは、事後対応をしているということです。すべてとはいいませんが、それらの中にはもう少ししっかりと向き合って対処していれば未然に防げたこともあったでしょう。建物の未来に起こるかもしれないことは、もしかすると建物の過去を知ることに大きなヒントが隠されているかもしれないと考えると、想像が膨らみます。

私は、他にとりえがなかったので、40年という長きにわたり建物建築と建物修繕を仕事としてきました。今自分の人生を振り返ると、これだけの期間わき目もふらず一心に取り組めたのは何か大きな意味があるとするならば、自分の経験から得た知識を1人でも多くの方々に伝えることであり、本書を書くことでその役割を果たすことになったのかもしれません。

本書では、鉄筋コンクリート造、鉄骨造の陸屋根と外壁に焦点を絞り、そこから発生する数々の不具合や時間経過による躯体への影響などを書かせていただきました。

これらの建築物は、現在も様々な進化をしながら増え続けています。

建物寿命は60年といわれておりますが、昭和40年代に建築された古い建物ですら、まだ60年という時間を迎えてはいません。

私は、建築や修繕に携わる立場として、過去に建築された建物の構造や欠点を知り、現在の新しい材料や技術を用いた適正な建物修繕ができることを常に願ってきました。

多くの経験を経た私から見ても、難しい事象がまだまだ多くあります。

本書を読まれた皆様には、耳慣れず難しい部分もあったと思いますが、一部分だけでも知るきっかけとなっていただければ幸いです。

振り返ってみると、これまで精一杯多くの皆様に建物修繕についてお伝えしてきましたが、力不足であったと痛感しています。

このような出版の機会をいただけたことで、改めて建物修繕を一から考え直すことができました。

建物修繕は長期間に渡る不可欠なものです。

だからこそ人任せにせず、正しい情報に耳を傾け、判断することが大切だと考えます。

本書により、皆様に建物や修繕についてより興味を持っていただき、正しい判断につながることを心より願っています。

株式会社スマイルユウ　代表取締役　大塚　義久

著者略歴

大塚　義久（おおつか　よしひさ）

株式会社 スマイルユウ 代表取締役。

建設会社に就職し、新築工事、改修工事に 22 年間従事。

その後、修繕会社を設立し、修繕工事に 18 年間、新築と改修建築に 40 年間携わり、累計 2000 以上の建物調査の実績。

資格は、一級建築士、一級建築施工管理技士、二級土木施工管理技士、宅地建物取引主任士。

目に見えない構造まで考えた屋根防水と外壁改修で建物の寿命を延ばす工事、鉄骨・鉄筋コンクリート造改修工事コンサルティング、計画指導、技術支援、事業立上げなどの実績も保有。新開発の漏水防止型ドレンについては、大雨でも雨漏りさせない仕組みを開発し、特許取得。

・『建物の専門家が行う安心の屋根防水』　https://www.smileyou-bosui.com/

・『建物の構造まで考えて家を健康にする外壁塗装』

https://www.smileyou-gaiheki.com/

・『こつこつ貯めた 1 円も大切にしたリフォーム』　https://www.smileyou-r.com/

・『建築リフォーム研究所』メール講座　http://reform-trouble.com/

イラスト：長田　宜郎

鉄骨と鉄筋コンクリート造の建物修繕がわかる本

2021 年 4 月 20 日 初版発行　　2023 年 5 月 29 日 第 2 刷発行

著　者　大塚　義久　© Yoshihisa Otsuka

発行人　森　　忠順

発行所　株式会社 セルバ出版

〒 113-0034

東京都文京区湯島 1 丁目 12 番 6 号 高関ビル 5 B

☎ 03（5812）1178　FAX 03（5812）1188

http://www.seluba.co.jp/

発　売　株式会社 三省堂書店／創英社

〒 101-0051

東京都千代田区神田神保町 1 丁目 1 番地

☎ 03（3291）2295　FAX 03（3292）7687

印刷・製本　株式会社 丸井工文社

Printed in JAPAN

ISBN 978-4-86367-649-7